Mohed ALTRAD

ÉCOUTER, HARMONISER, DIRIGER

Un certain art du management

P M

LES PRESSES DU MANAGEMENT
85, cours des Roches, 77186 NOISIEL

Les Droits d'Auteur de cet ouvrage seront intégralement versés au bénéfice d'une cause humanitaire.

Celle-ci sera désignée en fonction de l'actualité au moment de son versement.

IMPRIMÉ EN FRANCE

INTRODUCTION

Rien ne me disposait à devenir un manageur et encore moins d'un groupe industriel et commercial français.

Scientifique de formation, docteur en informatique, je me destinais à une carrière toute tracée d'ingénieur.

Je n'avais, de surcroît, aucune fortune personnelle et mes origines étaient loin d'être un avantage dans un pays, dont à mon arrivée à l'âge de dix-sept ans, j'ignorais tout, y compris la langue.

Autodidacte de la gestion, je n'ai pas reçu de formation académique en management. Il m'arrive d'ailleurs encore d'envier ceux qui ont suivi des enseignements de finance, de gestion des ressources humaines, de marketing, etc. avant d'être confrontés aux réalités du monde des affaires.

Non que je souffre d'un quelconque complexe d'infériorité mais parce qu'il me semble avoir perdu beaucoup de temps et d'énergie à assurer ma propre formation.

Tout ce que je sais actuellement, et cela représente bien peu de choses, je l'ai appris par moi-même dans les livres ou sur le terrain, poussé que j'étais par les circonstances et les problèmes auxquels je devais faire face, souvent seul et avec l'apparente assurance nécessaire pour ne pas laisser paraître mes doutes et mon scepticisme devant mes collaborateurs.

Je n'ai donc pas bénéficié d'un apprentissage dont le contenu et la progressivité ont été étudiés par des pédagogues.

J'en tire au moins deux conclusions.

La première encourageante pour les jeunes qui n'ont pas eu la chance de faire des études supérieures en gestion, est que la réussite est surtout affaire de volonté et de tempérament.

La seconde est que la formation reçue par les étudiants en gestion, bien qu'indispensable pour maîtriser ses techniques, n'est pas suffisante pour devenir un véritable dirigeant d'entreprise.

J'ai créé ma première entreprise en m'appuyant sur mes compétences techniques, celles acquises au cours de mes études d'informatique et lors de mon passage à la Thomson.

Dans une logique de la production, j'ai longtemps cru qu'un manageur devait parfaitement connaître le métier des hommes qu'il dirigeait. Qu'il devait même en savoir plus qu'eux pour imposer son autorité.

Dans cet esprit, j'avais du mal à admettre qu'un ministre puisse changer de portefeuille et rester un bon serviteur de l'Etat.

La nature de plus en plus complexe des activités et la diversification du groupe industriel que j'ai construit m'ont fait comprendre, en même temps qu'il m'était impossible de tout savoir et de tout maîtriser, que ce que l'on demandait au manageur était différent de ce que l'on exigeait d'un cadre « technique ».

Le Savoir du Pouvoir n'est pas celui de l'expert dans tel ou tel secteur, c'est celui du leader c'est-à-dire celui de prendre des risques à bon escient, de développer une vision et de la communiquer à ses collaborateurs, de faire preuve de ténacité, de garder son sang-froid et de maîtriser ses émotions, de prendre des décisions rapides lorsque les autres s'y refusent plutôt que d'atermoyer, de se remettre en question et de s'adapter, voire d'anticiper les changements plutôt que de les subir.

Ce Savoir, on ne l'apprend pas à l'école. Peut-être, parce que les enseignants l'appréhendent mal eux-mêmes. Peut-être, aussi, parce qu'il est la résultante d'une palette de disciplines trop large : psychologie, rhétorique, etc. et que l'apprentissage des comportements, entre autres, de synthèse, de calcul, d'analyse, de choix que des sciences telles que la mathématique devraient développer est étouffé dans des programmes qui ont perdu de vue les objectifs réels et originels de leur enseignement.

Charlemagne n'avait-il pas donné pour instruction aux premiers éducateurs de l'Empire romain d'Occident d'apprendre aux fils des grandes familles en priorité l'art de parler, l'écriture et le chant ?

Il n'était pas question à l'époque d'apprendre une discipline mais de s'initier à un type de comportement, y compris celui à adopter au cours des cérémonies religieuses.

Les « leçons de choses » n'étant plus dispensées, aujourd'hui donc, la seule véritable école du leader est l'école de la vie.

La chance ayant compensé mon manque d'expérience et de connaissances, je m'étais promis de la donner à d'autres dès que je le pourrais en écrivant un ouvrage sur les compétences requises pour devenir un manageur.

Un ouvrage qui aborderait des sujets à peine esquissés dans les « classiques » du management et de la gestion des entreprises.

Mais, pour ne pas tomber dans le piège de l'ouvrage de recettes ou dans celui du « success story » qui n'apporte en fait que de la notoriété à celui qui l'écrit, et risquer d'être classé définitivement dans la littérature d'Orly Ouest si dénigrée par les théoriciens de la gestion, il m'a semblé utile de faire constamment le va-et-vient entre les principes généraux de la gestion conceptualisés par les différentes écoles du management, mon vécu et mes conseils pratiques.

C'est dans cette optique que je présente les qualités nécessaires au dirigeant d'entreprise, dans le chapitre premier, et que je montre dans le chapitre 2 comment les apports théoriques des Taylor, Fayol, et autres Weber m'ont aidé à organiser mes activités.

Mais au-delà du savoir organiser, je développe des savoirs souvent sous-estimés et pourtant à la base de la réussite : savoir gérer son temps (chapitre 3) dans une vie où le temps est aussi précieux que l'argent, savoir gérer à distance pour éviter les fatigues inutiles et les risques de la centralisation excessive (chapitre 4), savoir gérer son Moi pour rester positif, créatif et en bonne santé physique et morale (chapitre 5), savoir mobiliser les autres (chapitre 6), savoir déléguer (chapitre 7), savoir motiver (chapitre 8), savoir stimuler la créativité de ses collaborateurs (chapitre 9), savoir négocier (chapitre 10).

Le management que je préconise est un management pédagogique destiné à être appliqué à tous les niveaux hiérarchiques d'une organisation.

L'entreprise n'a pas besoin de leader uniquement à son sommet. Sa réussite dépend des compétences de meneur de ses chefs d'équipe, de ses chefs d'atelier, etc.

Or, pour que celles-ci puissent s'exprimer encore faut-il qu'elles ne soient pas brimées par le style de management de la hiérarchie, qu'elles prennent racine dans un espace de liberté.

Le développement de l'entreprise passe donc par celui de l'autonomie qui lui-même dépend du développement des personnes, tâche majeure du manageur.

Pour répondre aux nécessités pédagogiques et aux objectifs de diffusion au sein des entreprises, mes principes de management se présentent donc souvent sous la forme de procédures, de processus, de démarches séquentielles.

Que personne ne s'y trompe, mon but n'est pas de proposer des modèles normatifs que j'aurai construit dans une logique inductive.

J'ai souhaité, au contraire, présenter la gamme la plus large de comportements de façon à ce que votre management, comme le mien, soit adaptatif et pragmatique.

Le changement est trop rapide en toute chose et l'homme est bien trop complexe et unique pour qu'il n'existe qu'un seul comportement managérial pour obtenir de lui le meilleur.

1

LES QUALITÉS DU MANAGEUR

Avant même de chercher à définir ce qu'est un bon dirigeant, une mise au point terminologique s'impose.

Les vocables direction, management, gestion sont, en effet, utilisés par certains comme synonymes alors que pour d'autres ils recouvrent des réalités bien distinctes.

Pour ma part, je définirai la gestion comme la conduite courante d'une organisation pour atteindre des objectifs préalablement fixés.

En revanche, la direction est, à mes yeux, la conduite d'une organisation au niveau le plus élevé. Elle s'intéresse aux options stratégiques et politiques à long terme, à la coordination des différents services de l'entreprise, etc.

Dans la pratique, il faut avouer que la frontière entre direction et gestion est plus imprécise.

Quant au terme de management, même s'il a la racine française « manège » et évoque l'action de faire tourner, il correspond, comme malheureusement la plupart des mots franglais, à des notions très différentes selon celui qui l'emploie pour être utilisé avec pertinence.

Ainsi, d'aucuns l'utiliseront comme synonyme de direction, d'autres comme celui de gestion.

Le titre de « manager » n'est-il pas donné, aux Etats-Unis, plus souvent à des gérants de motels miteux qu'à des présidents de sociétés ?

Un certain snobisme franco-français a donné au terme de « management » une valeur symbolique.

Alors qu'il y a quelques années encore, le professeur Lassègue en donnait la définition suivante : « terme franglais employé par les sots pour éblouir leurs semblables. Signifie Gestion » (*Lexique,* Dalloz), il est aujourd'hui dans la plupart des dictionnaires y compris les plus soucieux de défendre la langue française.

La direction et la gestion ont une image froide, technicienne, voire un peu vieillotte.

A contrario, celle du management est vivante, créative, jeune.

L'Académie des Sciences Commerciales ne l'a-t-elle pas défini comme un « art de mettre en œuvre l'ensemble des techniques de direction, d'organisation et de gestion de l'entreprise ». Ce mot, ajoute-t-elle, « sous-entend dans son acception habituelle un état d'esprit dynamique orienté vers le progrès ».

Un art nécessite du talent, une technique uniquement du travail et un apprentissage.

Voyons ce que recouvrent les techniques, le talent suivra de lui-même ou ne viendra jamais.

Une entreprise est avant tout un groupe d'individus qui se caractérise plus encore aujourd'hui qu'hier par son hétérogénéité. Chaque membre de l'entreprise a une formation, une expérience, des motivations qui lui sont propres.

Diriger consiste essentiellement à orienter leurs efforts vers un but commun.

C'est pourquoi la planification et le contrôle sont généralement considérés comme les deux principales tâches de direction.

La planification consiste à effectuer les grands choix stratégiques puis à sélectionner les moyens, les procédés et autres procédures permettant d'atteindre les objectifs fixés, enfin à désigner les membres de l'entreprise à qui incombera l'exécution des mesures prévues.

Dès lors qu'il y a délégation de responsabilités et de pouvoirs, le contrôle devient une nécessité. Il revient à comparer les résultats obtenus avec les objectifs.

En fidèle disciple d'Henri Fayol, Octave Gélinier considère que ces deux tâches, que sont la planification et le contrôle, s'intègrent en fait dans une procédure en six étapes interdépendantes.

Sa thèse, parfois quelque peu éloignée des réalités du quotidien, a trop de qualités pédagogiques pour que je n'y adhère pas.

La première étape de sa procédure, « la connaissance des faits », nécessite une collecte d'informations sur l'entreprise et son environnement qui conduit à réaliser une analyse du potentiel de l'entreprise et une étude de marché.

La pertinence de l'analyse de la situation, des forces et des faiblesses de l'entreprise ainsi que celle des menaces et des opportunités de l'environnement dépend de l'efficacité et de la permanence du système d'information mis en place dans l'entreprise.

Au cours de la seconde étape, est effectué « le choix des buts et des objectifs ». A partir du diagnostic de l'entreprise, il est, en effet, possible de fixer les buts, véritables compromis entre ce que le dirigeant veut et ce qu'il peut. Les buts ne sont que des aspirations, des intentions, des lignes de force, des axes orientés non chiffrés. Ils traduisent la « philosophie » particulière de l'entreprise, sa mission, sa finalité en termes de survie, de rentabilité, de croissance, de prestige, etc.

Le passage d'un but à un objectif nécessite que l'intention soit chiffrée et planifiée dans le temps. L'usage de critères précis conduit bien souvent à définir plusieurs objectifs pour un seul but. Ceux-ci doivent donc être cohérents et compatibles entre eux.

Par ailleurs, les objectifs sont hiérarchisés, selon leur nature et leur échéance, et décomposés, généralement en descendant la pyramide hiérarchique, en sous-objectifs puis en objectifs élémentaires.

La troisième étape « l'organisation des moyens » se traduit par l'élaboration de programmes détaillant les moyens humains, techniques, financiers à utiliser et par l'établissement de budgets.

« La définition de la structure », quatrième étape de la procédure, consiste à préciser les liens de subordination, les responsabilités de chaque membre de l'organisation et à coordonner le travail de chacun.

Lors de la cinquième étape « la conduite des hommes », le dirigeant doit motiver son personnel en adoptant un mode de direction adéquat et faire coïncider les objectifs économiques de l'entreprise avec les aspirations individuelles de ses salariés.

« Le contrôle » est la dernière phase de cette séquence managériale. Il repose sur une comparaison des résultats obtenus et des objectifs fixés, aux différents niveaux hiérarchiques et aux échéances souhaitées. L'analyse des écarts permet d'en identifier les causes et d'engager toutes actions correctives nécessaires. Le contrôle a pour vocation de nourrir continuellement le système d'information de l'entreprise donc d'en améliorer la connaissance.

A la lumière de ces différentes tâches de direction à assumer, une des premières questions qui vient à l'esprit est de savoir qui en aura la responsabilité.

Sera-ce un homme seul ou une équipe d'hommes ?

Il existe, en fait, plusieurs cas de figure. Le statut juridique de l'entreprise, lui-même dépendant de la personnalité de son créateur, la taille de l'entreprise, la diversité de ses activités, etc. en sont les principales raisons.

Pour simplifier, je distinguerai donc deux catégories d'organes de direction : la direction générale et l'encadrement.

La direction générale est l'organe qui planifie l'avenir de l'entreprise. Elle est organisée soit autour d'un seul homme, souvent le Président-Directeur Général, soit au travers d'un groupe d'hommes, par exemple le PDG et son Directeur Général ou un Directoire ou encore un comité de direction.

La hiérarchie d'encadrement est composée des cadres supérieurs qui se sont vus confier une partie du pouvoir de direction, généralement pour leur compétence dans une fonction spécifique de l'entreprise.

Ces directeurs, du marketing, de la production, de la recherche et développement, etc. auront chacun dans leur domaine respectif à assumer les tâches de direction c'est-à-dire, je le rappelle, d'information, d'analyse, de choix des objectifs, de formulation des politiques et de stratégies, d'organisation, d'animation et de motivation des hommes, et enfin de contrôle.

Plus que la dimension cognitive de la direction, un point essentiel à mes yeux doit être traité. C'est celui des qualités requises pour être un bon dirigeant.

Leur connaissance permet, en effet, au créateur d'entreprise de s'améliorer lui-même, au PDG de choisir ses collaborateurs immédiats et de les amener à améliorer leurs compétences.

A mes yeux, un bon manageur est, avant tout, un homme qui a su s'entourer de personnes compétentes dans des domaines où par manque de temps et/ou de qualification il ne pouvait agir lui-même.

En quelque sorte, diriger consiste donc à atteindre des objectifs en utilisant le travail d'autres personnes.

Cela nécessite des qualités humaines et des talents de meneur d'hommes qui n'ont rien à voir avec l'intelligence : autorité naturelle, charisme, capacité de jugement, intuition, etc.

En ce sens, le management est un art.

Ces aptitudes à commander sont nécessaires ; elles sont bien sûr insuffisantes pour diriger une entreprise, de même que la connaissance des techniques de gestion le sont si la personne n'a pas un minimum de ces talents. Les professeurs de gestion seraient sinon tous à la tête des plus grandes entreprises françaises.

Les principales écoles de pensée du management, qui nous serviront à comprendre l'évolution structurelle du groupe Altrad (voir le chapitre : savoir organiser), nous aident également à mieux appréhender les qualités d'un manageur.

1. *Les qualités du manageur selon l'école classique.*

L'école du management scientifique (Taylor) attire notre attention sur les qualités de technicien, d'organisateur du travail et de contrôleur que doit posséder un directeur.

Technicien, il doit l'être, en effet, pour répondre aux problèmes techniques et/ou de gestion que ses subordonnés n'arrivent pas à résoudre seuls.

Plus le manageur sera proche du terrain, de l'opérationnalité, plus il aura besoin de connaissances techniques. Ainsi, suis-je, sans aucun doute, moins compétent en finance que mon directeur financier, moins compétent pour maîtriser la qualité totale que mon directeur de la qualité, etc.

Un directeur doit savoir organiser le travail de ses subordonnés, leur indiquer les meilleures méthodes, élaborer les procédures à suivre, etc.

Par ailleurs, un directeur se doit d'être un contrôleur et un évaluateur. Il doit veiller à la réalisation des objectifs qu'il a fixés à ses collaborateurs, au respect des procédures qu'il a mises en place et doit savoir récompenser et complimenter ses subordonnés efficaces de la même manière qu'il doit avoir la force de caractère nécessaire pour réprimander et pénaliser ceux qui ne le sont pas.

L'école des principes universels de gestion de Fayol met en exergue les qualités de planificateur, de décideur, d'organisateur et de leader sur lesquelles nous reviendrons à différentes reprises.

Mais à ces qualités « classiques », s'en sont ajoutées d'autres, sous la force des circonstances et la nature de plus en plus complexe des entreprises.

2. *Les qualités du manageur selon l'école des relations humaines.*

L'école des relations humaines est née des expériences réalisées de 1924 à 1932 par Elton Mayo et Fritz Rœthlisberger à l'usine de Hawthorne de la Compagnie Western Electric. Les résultats de leurs recherches expérimentales, dont la validité scientifique a été depuis très souvent contestée, servirent à critiquer les thèses de l'école du management scientifique et notamment le postulat taylorien de l'argent comme seule motivation de l'homme.

Ils eurent, en effet, le mérite de faire prendre conscience de la dimension humaine du travail et de l'existence de rétributions non monétaires, d'ordre psychologique et psychosociologique, souvent plus motivantes que le salaire.

Le mouvement des relations humaines a donc conduit les directeurs à humaniser le travail de leurs subordonnés, à créer un bon climat social, une forte solidarité interpersonnelle et de bons rapports avec la hiérarchie, à consulter la base, à donner aux subordonnés la possibilité de s'auto-organiser.

Nous devons également à ce courant de pensée et, plus particulièrement à Kurt Lewin et à Frederick Herzberg, la mise en évidence des bienfaits de la dynamique de groupe en tant que procédure de changement et ceux d'une nouvelle organisation du travail fondée sur les motivations de l'homme au travail et orientée vers l'élargissement et l'enrichissement des tâches.

Un bon dirigeant aux yeux des adeptes de cette école, dite également des comportements, est donc un spécialiste des relations humaines capable de créer le climat social propice à la productivité et de gérer les conflits qui apparaissent au sein des groupes ou entre les niveaux hiérarchiques. Il doit être doué d'une faculté d'écoute et doit savoir conseiller ses collaborateurs tant du point de vue professionnel que de celui, en cas de besoin, de la résolution de leurs problèmes personnels.

Il doit être, en outre, un « élément moteur » sachant identifier les véritables motivations de ses subordonnés et les satisfaire dès lors qu'elles sont conformes aux intérêts de l'entreprise.

Un dirigeant doit être un bon animateur de groupe de manière à devenir le véritable leader de la communauté humaine dont il a, hiérarchiquement, la responsabilité. Faute de quoi, un leader informel apparaîtrait et rendrait inopérante l'organisation formelle.

Un manageur doit, par ailleurs, être un pédagogue susceptible de déceler les besoins en formation de ses collaborateurs et d'y répondre personnellement ou en faisant appel à des formateurs spécialisés de telle façon qu'il puisse leur confier à la fois plus de tâches complexes, plus de liberté et de responsabilité.

Partant des concepts du mouvement des relations humaines, les recherches des psychologues des organisations tels que Douglas McGregor, Rensis Likert et Chris Argyris ont proposé des principes pratiques de gestion. Que faut-il en retenir ?

Tout d'abord qu'il n'existe pas un seul style de direction. Selon McGregor, il en existe deux. Le premier qui repose sur une conception pessimiste de l'homme dite « Théorie X » : l'homme est paresseux, il doit être contrôlé, dirigé et contraint, il fuit les responsabilités et préfère avant tout sa sécurité.

Dans ces conditions, le style de direction à adopter est celui qui recourt aux sanctions et aux récompenses, autrement dit le dirigeant doit savoir manier la carotte et le bâton.

A la théorie X s'oppose la théorie Y selon laquelle le travail est aussi naturel pour l'homme que le jeu ou le repos, l'homme est capable de s'auto-diriger et de s'auto-contrôler, de faire preuve d'imagination, de créativité au service d'une organisation et même, lorsqu'il est placé dans des conditions favorables, d'accepter des responsabilités et, plus encore, de les rechercher.

Dans ces conditions, le style de direction X, également qualifié de « carotte/bâton » est inadapté et sous-utilise les ressources humaines.

Il faut lui préférer un style moins autoritaire, reposant davantage sur des motivations supérieures à celles uniquement financières.

De plus, il doit être évolutif et s'adapter aux besoins de l'homme. Or, l'homme est un éternel insatisfait.

Comme l'ont montré les psychosociologues, ses besoins sont hiérarchisés. Au fur et à mesure que ses besoins inférieurs sont satisfaits, ils cessent d'être des facteurs de motivation.

C'est dans ce courant d'idées que s'inscrit la fameuse hiérarchie des besoins d'Abraham Maslow classant par ordre croissant les besoins physiologiques, les besoins de sécurité, les besoins affectifs et sociaux, les besoins d'estime et les besoins d'épanouissement.

Rensis Likert est plus constructif encore que McGregor. Ses nombreuses recherches l'ont conduit à distinguer quatre styles ou systèmes de gestion :

— le système exploiteur autoritaire dans lequel les subordonnés sont contraints par un système de sanctions;

— le système autoritaire bienveillant ou paternaliste s'appuyant sur un système de sanctions et de récompenses;

— le système consultatif où les subordonnés sont consultés sans qu'ils aient une réelle influence sur les décisions;

— le système participatif de groupe dans lequel les objectifs sont fixés par le groupe de même que les décisions sont prises et que les contrôles sont effectués par lui, dans un esprit de totale coopération.

A l'aide de nombreuses enquêtes, Likert et ses collègues de l'Institut for Social Research de l'Université du Michigan ont montré que les systèmes de gestion autoritaire, paternaliste et consultatif génèrent tôt ou tard des insatisfactions parce qu'ils s'appuient sur des motivations inférieures, contrairement au système participatif qui, lui, repose sur le besoin d'épanouissement et d'actualisation du moi.

Il en conclut qu'un bon dirigeant doit utiliser la décision de groupe, doit accepter de céder une partie de son autorité, doit savoir animer un groupe et créer un climat basé sur la confiance et le soutien mutuel qui favorise les échanges d'informations inter et intra-groupes.

En conclusion, un manageur doit être un communicateur.

Mais, la mise en place d'un système participatif suppose généralement un réaménagement de la structure de l'entreprise et l'adoption d'un organigramme conçu comme une série de groupes qui s'imbriquent, chacun d'entre eux étant lié au reste de l'organisation par des individus appelés des « agrafes ».

Certains de ces groupes, tels les cercles de qualité, sont créés temporairement pour résoudre un problème spécifique. En outre, ce style de gestion engendre souvent une surconsommation de temps et d'énergie disproportionnée eu égard à l'importance des sujets traités et de l'intérêt des solutions ainsi trouvées.

C'est l'une des principales raisons de sa non-généralisation dans un groupe comme le nôtre.

Mais, Likert ne reconnaissait-il pas lui-même que les entreprises utilisaient plus les systèmes paternaliste et consultatif, plus simples à mettre en œuvre, que le système participatif et cela malgré la supériorité de ce dernier ?

3. *Les qualités du manageur selon l'école socio-politique.*

Seuls les naïfs peuvent admettre sans discuter que les intérêts des salariés se confondent avec ceux de l'entreprise. Que les intérêts des dirigeants ne divergent pas de ceux de leurs subordonnés. Que seuls les dirigeants essayent d'influencer leurs subordonnés sans que ceux-ci tentent d'en faire autant.

Bien crédules également sont ceux qui ignorent les calculs individuels de carrière, les manipulations, les manœuvres politiciennes, le pouvoir syndical, l'existence de cliques, etc.

La perspicacité est une qualité essentielle chez un dirigeant.

L'entreprise est en fait un ensemble d'individus aux objectifs variés, motivés par des intérêts multiples, qui utilisent l'organisation pour les atteindre et usent pour ce faire de tous les moyens de conflit et de coopération.

Le dirigeant doit donc intégrer dans son management les

notions de pouvoir, de conflit, de coalition, de dépendance, de négociation.

Le dirigeant doit non seulement être un négociateur averti mais aussi un « politique ».

Il l'est pour acquérir et augmenter son pouvoir, pour prendre une décision alors qu'il existe plusieurs choix possibles défendus chacun par des coalitions opposées.

Il l'est également dans son activité quotidienne lorsqu'il incarne son équipe, la représente, parle en son nom, lorsqu'il porte un projet et symbolise une culture, lorsque pour son environnement et, notamment pour les médias, il identifie l'entreprise.

4. *Les qualités du manageur selon l'école de la gestion contingente.*

Comment peut-on croire qu'il existe un, et un seul, style de direction efficace ? L'histoire de la pensée managériale ne serait pas si violente et confuse.

Les grands timoniers de l'industrie et du commerce ne seraient pas si différents les uns des autres à moins que l'on considère, à tort, que leur personnalité n'influe en rien leur façon de diriger.

Ainsi, contrairement aux écoles de pensée antérieures à la recherche de l'absolu, les théories de la contingence acceptent l'idée qu'aucun style de direction ne convient à toutes les situations.

Montherlant ne disait-il pas : « Chaque cas est un cas d'espèce, comme d'ailleurs presque tout dans la vie. »

A la question « quel style de direction faut-il adopter ? », les théoriciens de la contingence répondent à juste titre « cela dépend ! ».

Le dirigeant doit donc savoir s'adapter à chaque situation d'entreprise, non pas en se fiant uniquement à son instinct et à son intuition, mais en prenant en considération systématiquement tous les facteurs psychologiques, sociologiques, techniques, environnementaux, etc. qui l'influencent.

C'est pourquoi un dirigeant doit être constamment à l'écoute de son environnement et posséder un esprit d'analyse et de synthèse qui lui permettra, selon les problèmes qui se poseront, d'utiliser les contributions les plus adaptées des diverses et complémentaires écoles de la pensée managériale.

Dans la suite de cet ouvrage, j'ai développé les huit aptitudes qui m'ont manquées le plus à mes débuts.

Pour les acquérir, il m'a fallu beaucoup lire, m'entraîner toujours et souvent me tromper mais jamais me décourager.

La société Fiet dont je détenais 51 % du capital, d'environ 100 000 francs, fabriquait et commercialisait un produit très original à l'époque : une valise portable vidéotex principalement destinée aux vendeurs qui désiraient transmettre rapidement les commandes de leurs clients et rester en contact permanent avec les entreprises qu'ils représentaient.

Le savoir-faire technique et managérial que j'avais acquis et développé en tant que salarié en France, à la société Thomson, et en Arabie Saoudite me permit de m'imposer comme le canalisateur des idées novatrices de mes associés.

Hormis la délicate conception du logiciel, notre travail se limitait à assembler des éléments existants : disque, clavier, etc.

Notre production était faible : de l'ordre de deux cents appareils par an en raison, d'une part de notre capacité de production limitée, d'autre part du haut niveau de prix de notre valise portable qui écrémait le marché.

La structure de la Fiet n'était pas formalisée. Tout le monde faisait tout. Les tâches les plus élémentaires, telles qu'aller poster du courrier, étaient exécutées par celui d'entre nous qui était disponible au moment où elles devaient être effectuées.

Cela n'empêcha pas la Fiet, partie de zéro, de connaître une forte croissance et une forte rentabilité sur un marché sans concurrence.

Pour ma part, je me suis vite rendu compte que la société Fiet ne pouvait pas changer de dimension sans perdre ses deux principaux atouts : la flexibilité et l'adaptabilité. Les personnes avec qui j'avais créé cette affaire n'étaient pas faites pour vivre dans une organisation structurée. Il aurait été ridicule d'étouffer leur créativité, leur capacité à changer très rapidement le produit, le prix, etc. en réponse aux attentes de nos clients.

La Fiet culminait à 7,5 millions de chiffre d'affaires lorsque j'ai pris la décision de vendre une partie de mes actions à concurrence de 40 % du capital social. Mon intérêt pour cette société s'était émoussé.

PRINCIPALES CARACTERISTIQUES DE LA FORME ENTREPRENEURIALE

Activité :

— un unique couple (produit × marché)

— une distribution simple

Structure :

— un patron responsable des décisions stratégiques et opérationnelles secondé par des employés ou des associés

— un organigramme très peu fréquent

— un nombre élevé de subordonnés supervisés par le dirigeant

Mesure des performances et des récompenses :

— subjectives et paternalistes

Systèmes de gestion :

— peu développés

— pas de plans formels mais des budgets

Inconvénients :

— une croissance limitée

— une surcharge du patron

— une impossibilité de réaliser des économies d'échelle à la production et à la distribution

Distribution :

— l'apparition de l'un des deux styles de management suivants : le style autocratique ou le style anarchique.

Je souhaitais, à ce stade de ma carrière, adopter un autre style de management, il me fallait donc changer d'entreprise.

Avec les 3 millions de francs, fruit de la cession de mes actions, j'ai pu engager une procédure de rachat de la société Méfran [1].

2. *La forme fonctionnelle.*

En reprenant des entreprises telles que la Méfran, je compris que la forme entrepreneuriale n'était plus adaptée à la stratégie que je souhaitais mener et qu'il me fallait apprendre, moi non-gestionnaire de formation, puis intégrer les apports de l'école classique du management.

Parmi les raisons qui me décidèrent à abandonner mon poste de Président-Directeur Général de la Fiet, l'une des plus fortes fut ma conviction de ne pas utiliser optimalement mon temps de travail. J'avais le sentiment de tout faire, donc de ne rien faire d'important.

En ce sens, je rejoignais les idées de Taylor. Frederic Winslow Taylor fut, rappelons-le, le premier à présenter une théorie de l'organisation et non pas contrairement aux préjugés seulement une théorie de l'organisation du travail.

Dans l'optique de Taylor, le travail artisanal du patron ou de l'ouvrier est inefficace, même s'il contribue à la satisfaction de leurs besoins psychologiques respectifs.

Le travail doit être dépouillé de toutes les activités inutiles de façon à accroître la productivité et à assurer ainsi des revenus élevés aux ouvriers et aux dirigeants.

Cette conception aboutit à parcelliser les tâches. L'organisation scientifique du travail ne se limite pourtant pas à la division du travail mais repose également sur un système de sélection, de formation et de motivation par l'argent.

---

1. Voir « Stratège de groupe », Chotard Editeurs.

L'organisation comprend un encadrement à qui incombe, d'une part la supervision, d'autre part la préparation du travail. Autrement dit, les responsables étudient attentivement les tâches confiées à leur unité, puis ils sélectionnent les méthodes de travail les plus efficaces et enfin s'assurent que leurs subordonnés suivent scrupuleusement les procédures retenues.

La pensée taylorienne repose sur la conviction que les travailleurs accepteront le formalisme et la rigidité des structures dans l'organisation de la tâche et y adhéreront en retour d'un salaire plus élevé. Taylor considérait, en effet, que la seule motivation de l'homme au travail était l'argent.

Contrairement à ses détracteurs qui condamnent en bloc le taylorisme, je le considère comme la première révolution dans la pensée managériale.

Grâce à lui, le management est devenu scientifique, à la fois dans sa dénomination et dans sa démarche.

Les chefs d'entreprise français se refusent souvent à avouer qu'ils appliquent certains principes du taylorisme de peur de supporter toutes les critiques qui ont été émises à l'encontre de l'OST : déshumanisation du travail, répétitivité et monotonie des tâches, etc.

Ils les appliquent cependant sous des vocables modernisés tels que l'analyse de système, l'analyse de la valeur, la recherche opérationnelle, la qualité totale, les flux tendus, etc.

Pour ma part, je reconnais volontiers avoir utilisé l'OST pour améliorer la productivité de certaines entreprises que je venais de racheter.

La première en date fut la société Méfran, entreprise dont j'ai pris le contrôle en 1985 et qui fabrique des échafaudages et des matériels d'équipement que sa force de vente, composée d'une centaine de représentants exclusifs, vend aux artisans et aux petites entreprises du bâtiment.

Dès les premiers jours de ma présidence à la Méfran, mon souci fut de simplifier la gamme de produits offerts. Certaines références ne se vendaient plus ou très mal. Une analyse de la valeur approfondie permit de supprimer 25 % des références.

Il en résulta une forte réduction des stocks de matières premières et de produits finis ainsi qu'une simplification des chaînes de production. Les produits dont nous avions décidé de poursuivre la fabrication présentaient, en effet, de nombreuses caractéristiques communes. Les changements d'outils, de machines et de cadences furent sensiblement réduits, ce qui engendra de gros gains de productivité.

Après étude, la disposition des machines fut redéfinie. Dans une chaîne de production d'échafaudage, se suivent en principe une machine de découpe, une ou plusieurs machines de perçage, une machine de soudure et enfin une machine de galvanisation ou de revêtement.

Dans notre usine de Florensac, l'opération « perçage et découpe » constituait un goulot d'étranglement important. A ce stade de la fabrication, une seule machine effectuait tout quel que soit le diamètre du tube à travailler, d'où de fréquents changements d'outils.

L'achat d'une seconde machine de perçage a permis, par une ventilation rationnelle des pièces, de réduire considérablement les temps de réglage des outils.

Cet investissement, comme toutes les décisions de réorganisation du travail, a été décidé après des études approfondies utilisant notamment l'analyse de la valeur.

L'augmentation substantielle de la productivité qui en découla autorisa une réduction du personnel et là est, à mon avis, l'un des principaux problèmes des applications du management scientifique.

En cas de succès, son efficacité génère des licenciements et/ou des reconversions. L'aspect humain de la gestion est ébranlé. Généralement, je le reconnais aussi, dans le domaine productif, la solitude au travail apparaît et l'intérêt des tâches à accomplir diminue. Il en résulte une détérioration du climat social qui provoque parfois l'apparition de coûts cachés remettant en cause le bien-fondé de l'OST.

Il faut donc être vigilant dans la mise en place de ces techniques et prendre en considération la dimension humaine qu'oublient trop souvent les tayloristes. Croyez-moi, ces derniers sont plus nombreux qu'on ne dit. La plupart des industriels le sont par la force des choses. La concurrence des pays à bas salaires les y oblige.

En ce qui me concerne, je fais du taylorisme en le sachant et en tentant de limiter ses effets pervers, beaucoup en font en le cachant, les autres en font en l'ignorant.

Le management scientifique ne concerne pas uniquement la fonction production. Dans certaines sociétés du groupe Altrad, nous avions dix-sept personnes improductives pour trente qui l'étaient au sens strict du terme. Sans y prendre garde, les anciens dirigeants de ces sociétés avaient laissé gonfler leur masse salariale. Cette situation était insupportable en termes d'efficacité et, plus grave encore, de survie.

Une analyse des postes couplée à une analyse de la valeur nous a conduit à licencier de nombreux administratifs. En cela, le management scientifique est inhumain. Ce qui ne veut pas dire que le décideur le soit.

Je ne connais pas un seul chef d'entreprise qui soit content de licencier.

Contrairement à ce qui se passe, en général, dans le domaine productif, la réorganisation rationnelle des tâches administratives a plutôt des conséquences positives sur l'intérêt des postes restants. La standardiste de la société Méfran s'est vue ainsi affecter des tâches que d'autres employées accomplissaient, sans grande efficience, avant leur licenciement telles que, par exemple, l'enregistrement du courrier et sa distribution. Le contenu de son travail s'étant élargi, elle bénéficia d'une augmentation de salaire sans que cela compromette les économies salariales réalisées.

En conclusion, le véritable inconvénient du management scientifique est qu'il permet par son efficacité des compressions de personnel. Une stratégie de groupe peut, dans certains cas, en augmentant les possibilités de transfert et de mutation limiter, autant que faire se peut, les drames humains.

Mon départ de la société Fiet, ma première entreprise, fut, je le répète, motivé par l'absence d'une structure formalisée et par le besoin psychologique que j'avais d'avoir sous ma responsabilité de véritables collaborateurs. Je pensais que seule une organisation rationnelle me permettrait de développer mes activités. C'est de ce point de vue que je partage les idées de Max Weber.

Après avoir étudié l'organisation des bureaux chargés des tâches administratives et celle de l'armée prussienne qu'il considérait comme des exemples, Max Weber a proposé, en effet, un modèle d'organisation rationnelle du travail applicable à toutes les organisations, entreprises ou autres qu'il a qualifié d'organisation « bureaucratique ».

Le modèle weberien repose sur l'établissement rationnel de normes, de règles, de procédures connues et acceptées par tous les membres de l'organisation. Il protège le subordonné de l'arbitraire d'un supérieur tout-puissant.

Une organisation bureaucratique se caractérise donc, notamment, par une définition précise et le plus souvent écrite de la hiérarchie et, à chacun de ses niveaux, par celle d'un système de règles et par une formation du personnel adaptée.

Malheureusement, l'organisation rationnelle génère, si l'on n'y prend pas garde, des effets pervers qui expliquent l'actuelle signification péjorative du terme de « bureaucratie », qui je le répète dans l'esprit de Weber représentait à l'époque un modèle idéal.

Les critiques émises à l'encontre des excès du modèle bureaucratique sont bien connues : l'impersonnalité des relations humaines, la rigidité des comportements qui va jusqu'à l'absurdité, la hiérarchie écrasante, l'organisation excessivement structurée, incapable d'adaptabilité et indifférente aux besoins et aux attentes aussi bien de ses usagers que de ses membres.

Si l'on n'y prend pas garde, ces effets pervers ont tendance à se développer avec la taille de l'organisation, dégénèrent rapidement en une résistance systématique au changement, et favorisent l'immobilisme et le corporatisme, maux qui condamnent à mort une firme en économie de marché.

Cela est d'autant plus grave que la grande majorité des organisations à partir d'une certaine taille sont, qu'on le veuille ou non, à structures bureaucratiques.

A cela deux raisons principales : la plupart n'ont pas trouvé de façon plus efficace de s'organiser et le développement de l'informatique et des systèmes de gestion tend à favoriser ce mode organisationnel.

C'est pourquoi, sans cesse, je m'efforce pour ma part de stimuler et de récompenser l'initiative individuelle, en donnant à tout membre de mon personnel, quel que soit son rang, la possibilité de me parler seul à seul, en multipliant le plus possible les occasions de rencontre et en évitant les marques distinctives de la hiérarchie.

Par exemple et plus concrètement encore, je fais en sorte de prendre la plupart de mes repas de midi au restaurant d'entreprise et je veille à ne pas être favorisé par le cuisinier.

En plus des conséquences désastreuses de la bureaucratie sur le moral du personnel et sur la satisfaction des consommateurs, il faut veiller à ne pas contracter la coûteuse maladie de Parkinson, du nom de C. Northcote Parkinson qui énonça avec beaucoup d'humour les principaux fléaux qui affectent le monde administratif :

— la prolifération du papier et la paperasserie inutile,

— les échanges d'informations superflues qui créent de toutes pièces de nouvelles tâches, ne serait-ce que celles de lecture et de réponse,

— la réunionite et la comitologie ou création de comités qui créent eux-mêmes des comités, etc.

— la génération spontanée des effectifs et l'augmentation des cols blancs liée au fait que pour un responsable administratif le nombre de ses subordonnés est la principale justification de son importance.

La fonction administrative est, je le rappelle, la plus sujette de toutes les fonctions de l'entreprise à la maladie de Parkinson.

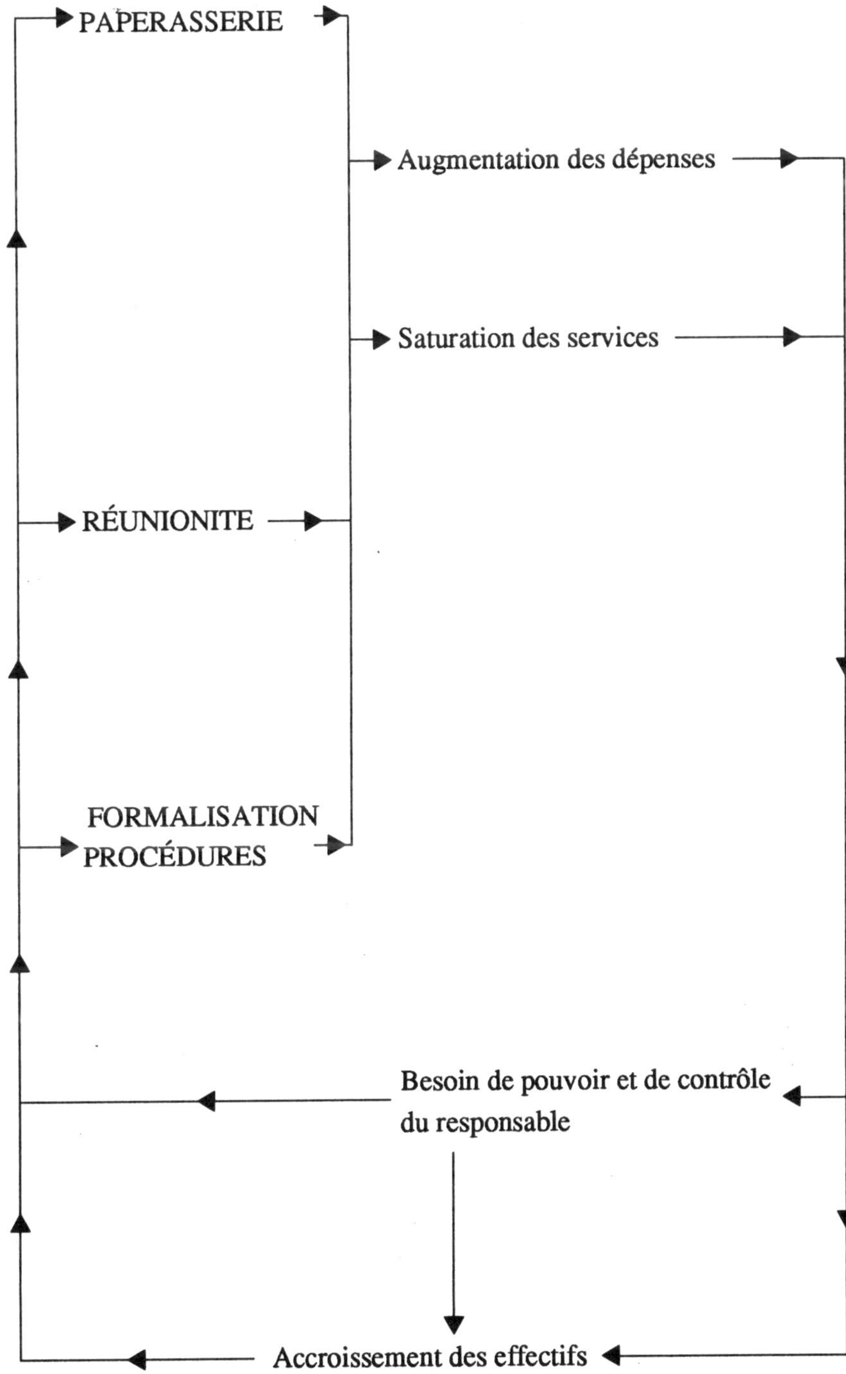
PAPERASSERIE
Augmentation des dépenses
Saturation des services
RÉUNIONITE
FORMALISATION
PROCÉDURES
Besoin de pouvoir et de contrôle
du responsable
Accroissement des effectifs

D'aucuns penseront que parce que l'activité de leur entreprise n'est pas d'essence administrative mais, par exemple, à vocation industrielle, ils n'ont pas à craindre les déviations bureaucratiques.

Ils se trompent et, baissant leur garde, s'exposent plus que les autres.

Depuis Henri Fayol, en effet, il est admis que les activités dans l'entreprise sont au nombre de six : technique, commerciale, financière, sécurité, comptable, administrative.

Chaque poste dans l'entreprise, y compris celui d'un ouvrier, comporte ces six catégories mais dans des proportions bien sûr différentes.

Ainsi, pour un dirigeant, la fonction administrative, qui correspond selon Fayol à des tâches d'organisation, de coordination, de contrôle, de commandement et de prévoyance, est-elle la plus importante des six, les cinq autres pouvant être déléguées à des spécialistes.

Pour bien les remplir, Fayol recommande l'application intelligente, donc non systématique, de principes de gestion et d'organisation que défendent encore actuellement de nombreux praticiens et théoriciens en dépit des critiques dont ils firent l'objet, notamment celle de n'être que des recettes de cuisine.

Ses principes de base sont : la division du travail, l'autorité attachée à la fonction du dirigeant et à ses qualités personnelles, la discipline qui requiert de bons supérieurs à tous niveaux, l'unité de commandement, l'unité de direction, la centralisation de l'autorité, la primauté de l'intérêt général sur les intérêts individuels, l'équité de la rémunération, la hiérarchie matérialisée dans une chaîne scalaire de supérieurs, la planification, l'ordre matériel et moral, la stabilité du personnel, l'esprit de corps, etc.

Ces principes peuvent paraître primaires. Il n'en reste pas moins qu'ils constituent, encore pour la plupart, les fondements de la gestion qui consiste effectivement à planifier, organiser, recruter, placer chaque chose et chacun à sa place, diriger et contrôler.

Les trois courants de pensée (Taylor, Weber et Fayol) que nous venons de présenter eurent pour conséquence le développement de la forme fonctionnelle à partir du début du xxe siècle dans des industries en croissance où les économies d'échelle favorisaient les grandes tailles.

La structure fonctionnelle consiste à organiser l'entreprise par spécialités. Le découpage est le plus souvent effectué selon la nature des tâches (production, marketing, etc.).

Toutefois, la spécialisation peut s'appuyer sur d'autres critères tels que les produits, les territoires géographiques, les circuits de distribution, le type d'équipement.

La départementalisation par tâches, c'est-à-dire la plus courante, conduit les spécialistes de la production, du marketing, de la recherche, etc. à se regrouper par spécialité et à développer des procédures propres à leur fonction.

La division et la délégation des tâches par fonction conduit à la constitution d'une pyramide hiérarchique.

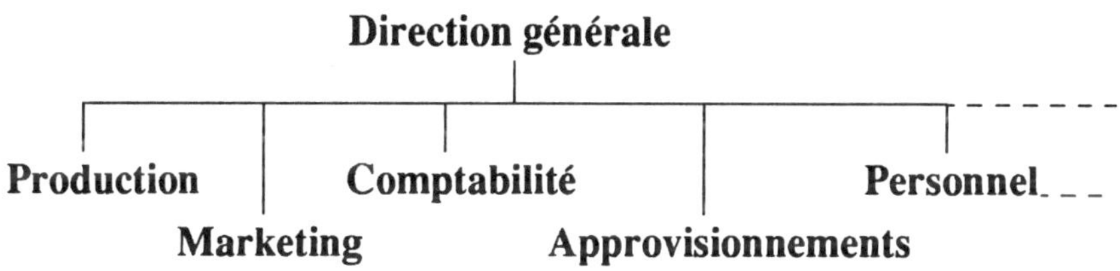

Dans l'histoire d'une entreprise, la forme fonctionnelle est souvent le prolongement naturel de la forme entrepreneuriale.

Mon expérience de manageur est différente. C'est en vendant Fiet pour acheter la Méfran, dont la structure était déjà fonctionnelle avant mon arrivée, que je pris conscience des avantages et des limites de ce type d'organisation.

La forme fonctionnelle répondait à ma volonté de croissance.

Je savais qu'elle me permettrait également des adjonctions de fonctions telles que celles de contrôle de gestion ou de Recherches et Développement sans bouleverser la structure antérieure propice à la recherche de l'efficience.

Je savais également qu'il me serait possible, pour lutter contre la surcharge de travail dont est trop souvent victime le dirigeant, de créer, tout en conservant la structure fonctionnelle, des auxiliaires de coordination : par exemple, un comité de direction composée du PDG et des directeurs de fonction ou un poste de directeur général ou encore des chefs de projet, etc.

Je n'ignorais pas que, malgré ces adaptations, la souplesse stratégique de l'organisation fonctionnelle tendrait à décroître avec la taille de l'entreprise et la largeur de la gamme de produits.

Le PDG et le comité de direction sont, en effet, dans cette hypothèse, vite débordés lorsque des décisions rapides et nombreuses doivent être prises.

Tant que le groupe Altrad ne comprit qu'un nombre restreint d'entreprises mono-produit et mono-marché, la forme fonctionnelle convint pour chacune d'elles.

Dès lors qu'il eut à gérer plusieurs produits visant plusieurs marchés différents, la forme d'organisation évolua vers la forme divisionnaire, dite également forme par produit, puis vers une déviation de cette forme divisionnaire en raison de la diversification conglomérée par croissance externe du groupe.

3. *La forme divisionnaire.*

Cette structure imaginée par A.P. Sloan et mise en place par la General Motors Corporation et Du Pont de Nemours dès les années 20 s'est développée à la fin de la Seconde Guerre mondiale.

Le groupe Altrad l'a progressivement adoptée dès 1985, année au cours de laquelle il reprit l'entreprise d'échafaudages Socform.

L'organisation se fait non pas autour des entrants (inputs) nécessaires à la réalisation des tâches, comme c'est le cas dans la structure fonctionnelle, mais en partant des sortants (outputs) c'est-à-dire le plus souvent les produits fabriqués.

PRINCIPALES CARACTERISTIQUES DE LA FORME FONCTIONNELLE

Activité :

— une mono-industrie
— une gamme pas trop diversifiée

Structure :

— une spécialisation
— une coordination par le dirigeant, seul généraliste
— un dirigeant et des cadres supérieurs fonctionnels
— un organigramme connu

Mesure des performances et récompenses :

— systématiques et impersonnelles

Systèmes de gestion :

— un contrôle de la direction générale
— des règles et des procédures formelles
— la planification par objectif

Inconvénients :

— la surcharge du dirigeant notamment en matière de coordination
— une capacité de réponse faible
— le développement d'un esprit de paroisse
— l'impersonnalisation.

Son principe de base est de regrouper les activités des unités productrices d'une même industrie en des entités comptables distinctes.

Chaque entité se caractérise par un trio produit-technologie-marché et est confiée à un dirigeant responsable des décisions d'ordre stratégique, administratif et opérationnel dans le secteur qui lui est dévolu. Autrement dit, l'entreprise est composée de divisions qui forment des centres de profit jouissant d'une certaine autonomie.

La structure divisionnaire, en allégeant le travail de la direction générale et en donnant des pouvoirs de décision aux responsables de département, permet d'accroître la capacité de réaction et d'adaptation de l'entreprise. Elle donne par ailleurs des possibilités de formation et de promotion aux cadres. Toutes choses qui, on le sait, ont des répercussions positives sur la motivation des hommes.

La société Altrad comprenait, en 1985, deux divisions distinctes :

Division	Produit	Technologie	Marché	Vente
Méfran	Echafaudage	Usine de Florensac	Artisans et PME du BTP	directe par représentants
Socform	Echafaudage	Usine dans l'Hérault	Entreprises du BTP	par distributeurs revendeurs

En règle générale, le sommet de l'organisation, direction générale ou direction supérieure, est composé de cadres généralistes à qui incombe la planification à long terme de l'ensemble, également chargés de partager les ressources financières entre les divisions, de chercher des voies de diversification, d'acquérir d'autres firmes, etc.

Ainsi, ai-je pris avec l'aide de mes plus proches collaborateurs la décision d'absorber, en 1986, les sociétés de fabrication d'échafaudages Mag et Mib, la première étant implantée en région parisienne et la deuxième en région lyonnaise.

PRINCIPALES CARACTERISTIQUES DE LA FORME DIVISIONNAIRE

Activité :

— une gamme de produits étendue voire plusieurs industries

— une stratégie de diversification par croissance interne ou externe

Structure :

— une décentralisation des responsabilités

— la départementalisation par produit

— un sommet qui se réserve les décisions stratégiques

Mesures des performances et récompenses :

— impersonnelles : retour sur investissement, profit, contribution globale au bénéfice

— systématiques liées à la performance

Systèmes de gestion :

— le contrôle du sommet qui se réserve le choix de la stratégie d'ensemble

— la quasi-autonomie des divisions

— la délégation des décisions aux divisions

— l'évaluation indirecte par les performances

Inconvénients :

— la duplication de certaines tâches

— le sacrifice de certaines économies d'échelle

— le risque de perte de contrôle par le sommet

— les difficultés de coordination entre les divisions.

Pour éviter les risques, non négligeables, de dispersion de pouvoir et de duplication de tâches, il est fréquent de rattacher à la direction générale des fonctions de soutien telles que les achats, les services juridiques, la recherche, la qualité, etc. au sein de services communs.

4. *La société mère et la structure de groupe.*

Le développement de notre croissance externe, par rachats et prises de participation, et celui simultanément de notre politique de création d'entreprises nous ont conduit à adopter une forme divisionnaire dérivée, connue sous les noms de holding ou de société mère, et cela dès 1986.

Bilan de la politique de croissance externe

Entreprise	**Activité**	**Date d'intégration au groupe Altrad**
Burnet	Fabrication d'articles médicaux à base de latex	1987
Aquamer	Production de naissains d'huîtres	1987
Sodetub	Location d'échafaudages	1987
Select Etem	Fabrication, commercialisation et location d'échafaudages	1988
Vito Ateliers de Saint-Denis	Fabrication d'étais, d'échafaudages et de bétonnières	1989

La société Altrad Développement, dont le siège est à Paris, regroupe aujourd'hui des entreprises réparties en cinq grands secteurs : le matériel pour le bâtiment, le paramédical, l'informatique, les services, l'agro-alimentaire.

Ce regroupement d'activités en unités plus larges me fait dire que nous sommes passés d'une structure divisionnelle classique à une structure de groupe avec au niveau de responsabilité le plus élevé un holding qui propose à l'ensemble des entreprises du groupe des prestations de services.

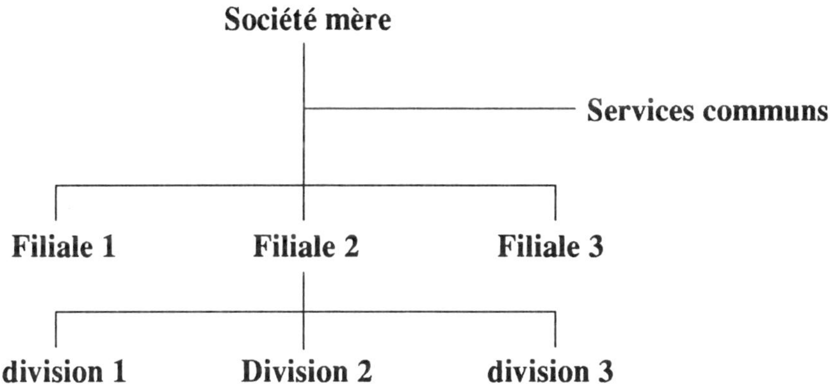

Cette structure de groupe répond aux préoccupations d'alléger les tâches du responsable du groupe et à celles de profiter des synergies, des complémentarités entre divisions et entre filiales.

Elle favorise à la fois la capacité d'adaptation de toutes les unités de l'organisation et l'utilisation optimale des ressources par des processus de collaboration, de partenariat, de partage, etc.

En fait, le groupe Altrad est comme tous les autres groupes ou entreprises diversifiés à la recherche d'une nouvelle forme d'organisation pour mieux faire face aux données actuelles de l'environnement.

Certaines entreprises comme Texas Instrument ont opté pour une structure duale qui superpose deux structures : l'une regroupant les activités opérationnelles, l'autre la réflexion stratégique.

Aujourd'hui, la société mère Altrad Développement remplit trois missions essentielles :

— la définition et la mise en œuvre de la politique générale du groupe et des moyens financiers y afférents,

— la prestation de services à ses filiales,

— l'étude des dossiers de reprise.

Mon premier souci est d'assurer au groupe, et donc à toutes les entreprises qui le constituent, un développement harmonieux, solide et durable.

Or, la croissance est facteur de déstabilisation. Elle modifie les relations avec l'environnement, surdimensionne les problèmes financiers et humains à résoudre, etc.

Ainsi, avons-nous connu, en raison d'une croissance externe rapide, donc d'augmentation substantielle du chiffre d'affaires, parfois plus forte que prévue, les premiers signes menaçants du déséquilibre et de la perte de contrôle de la gestion des entreprises du groupe : résultats nets en baisse, autofinancement trop faible pour poursuivre seul le développement, entrée de partenaires financiers à hauteur de 4 % dans le capital de la société Altrad Développement.

Il est donc primordial à mes yeux que la croissance soit parfaitement maîtrisée. C'est la raison pour laquelle je crois nécessaire des périodes de consolidation des acquis après des phases de rachat d'entreprises.

Consolider nos bases, ne pas construire un géant aux pieds d'argile, voilà notre objectif principal pour les années à venir, sans pour autant, bien sûr, exclure toute reprise d'entreprise.

Cette nouvelle orientation de notre politique générale se traduit par des actions prioritaires : préciser la mission de chaque société du groupe, réorganiser en conséquence les équipes commerciales, rationaliser les gammes et les sites de production, tirer profit des économies d'échelle et des effets de synergie, etc.

La stimulation des potentiels inexploités des nouvelles filiales nécessite des compétences que peu de cadres possèdent et un savoir-faire pluri-disciplinaire. Ce savoir-faire, résultat d'un travail en équipe, est difficile à transmettre totalement à un responsable de filiale souvent peu entouré et éloigné géographiquement.

C'est pourquoi en tant que prestataire de services, Altrad Développement met à la disposition de ses filiales une gamme de services dont elles ne pourraient seules supporter la charge.

L'effet de groupe permet aux filiales, quelle que soit leur taille, de bénéficier de prestations bien souvent réservées aux seules grandes entreprises.

Ces services « communs » concernent la gestion financière, le développement industriel, le contrôle budgétaire, l'informatique, la recherche et le développement, le contrôle qualité, les études marketing, la communication interne et externe.

En matière financière, les services recouvrent la mise en œuvre des moyens financiers, la gestion de trésorerie, l'appréhension du risque client.

La dimension du groupe Altrad et sa politique de croissance placent la Direction financière de la société mère en position d'interlocuteur privilégié des banques et des investisseurs. Les besoins de financement, qu'ils concernent la gestion à court terme ou les investissements, l'incitent à prêter une grande attention aux flux financiers entre les différentes sociétés du groupe.

La direction industrielle du holding chapeaute le bureau d'études, le bureau des méthodes, le service lancement de produits nouveaux, la recherche et le développement.

Parmi ses nombreuses missions, il faut citer : le contrôle des circuits produits et l'étude d'industrialisation de nouveaux produits, la rationalisation des gammes et des sites, la mise en place des modèles d'organisation de la production pour les sites nouveaux, l'automatisation et la mise à niveau de l'outil de production.

Troisième direction au niveau le plus élevé du groupe, la direction administrative qui intègre les services du personnel, de contrôle de gestion et de comptabilité des sociétés.

Quatrième département central, le service informatique qui traite les données pour toutes les sociétés du groupe, qu'elles soient réparties sur micro-informatique ou centralisées sur un gros système et que ce soit en matière de gestion de stock, de gestion commerciale, de production, de comptabilité, de gestion des achats, etc.

Récemment, le holding s'est doté de trois autres services centraux : le service qualité, le service marketing et le service de communication.

Le service qualité est chargé de l'amélioration de la qualité des produits et des services. Son objectif est la qualité totale, une notion qui prend toute sa valeur dans le double contexte actuel de compétition commerciale et de renforcement des normes, notamment de sécurité.

Le service qualité a pour mission d'étudier et de mettre en application avec les responsables de la direction industrielle (voir ci-dessus) du groupe des règles de production satisfaisantes.

Sur le plan des relations avec la clientèle, il répertorie et analyse les défauts de fabrication et les insuffisances dues à des dysfonctionnements internes.

Pour limiter les problèmes en amont, il définit, avec le concours du bureau d'études, des cahiers des charges rigoureux destinés aux principaux fournisseurs de matières premières et de produits de négoce.

L'action du service Qualité suscite progressivement dans le groupe un nouvel état d'esprit, vecteur d'efficacité et de réussite.

Le service marketing se consacre, pour l'instant, uniquement aux activités Bâtiment du groupe. Son objectif est de permettre une bonne gestion de la croissance externe du groupe, en positionnant les sociétés sur leur marché et en définissant, pour chacune d'elles, une stratégie de développement commercial, chaque fois notamment qu'une opportunité de diversification se présente.

Enfin, le service de communication, en étroite collaboration avec la direction générale, est chargé de définir la politique de communication interne et externe du groupe.

Son rôle, sur le plan interne, est à la fois de fédérer cet ensemble en suscitant un esprit de groupe et de fournir à chaque entreprise les prestations adaptées à ses besoins particuliers.

Ainsi, ce service utilise-t-il au mieux les outils d'intégration interne tels que les feuillets événementiels mensuels, le magazine du groupe, la fête du personnel, etc.

En externe, il étudie les besoins en communication des filiales et met au point leur plan d'action.

L'alternance dans le temps de la croissance externe et de la croissance interne est un des principes de base de notre management. Nous achetons des entreprises qui possèdent un potentiel dont les dirigeants n'ont pas su entièrement tirer parti : une marque, un savoir-faire, une présence sur un marché d'avenir, etc.

Nous ne reprenons que des sociétés dont l'écart de compétitivité est important et que nous sommes certains de pouvoir réduire en mettant en place nos méthodes de gestion, en apportant nos capacités financières et techniques.

Nous les accompagnons vers la compétitivité totale en utilisant les forces du groupe pour faire disparaître leurs faiblesses d'origine. Les entreprises qui nous rejoignent conservent leurs particularités et leurs compétences. Notre travail consiste à valoriser leurs qualités.

Notre intervention n'aurait pas le caractère financier de toute reprise d'entreprise et ne s'accompagnerait pas d'investissements de croissance interne, elle pourrait être comparée à celle des conseils en entreprise qui cherchent à faire sauter les obstacles à la croissance en implantant de bonnes procédures de gestion.

Une politique de reprises d'entreprises est certes dépendante des occasions d'acquisition qui se présentent, tout au moins tant que le groupe n'a pas la puissance financière pour réaliser une Offre Publique d'Achat. Il n'en demeure pas moins vrai que si la logique économique, et non purement spéculative, elle doit se caractériser par une certaine cohérence.

Celle du groupe Altrad a, quant à elle, un double but : l'augmentation des parts de marché et la diversification des risques par une diversification de l'offre.

L'idée est de choisir un secteur d'activité dont la concurrence est si possible atomisée, de s'y implanter par une reprise d'entreprise au potentiel sous-exploité, de le stimuler de telle sorte que l'entreprise voit sa compétitivité et sa rentabilité s'améliorer. D'entreprise achetée, elle devient, en tirant profit des synergies du groupe, entreprise acheteuse.

C'est ainsi que le groupe Altrad a pu se développer dans des secteurs très différents et sans complémentarité apparente.

Le groupe crée des pôles d'activité autour d'une société exerçant sur les autres entreprises de son secteur une certaine force d'attraction par son niveau de performance. Méfran a joué ce rôle dans le secteur du matériel pour le bâtiment.

La sélection des entreprises à reprendre incombe tout naturellement à la société mère parce que c'est au siège du groupe que travaillent les personnes qui ont eu avec moi des expériences de reprise et avec lesquelles j'ai mis au point une méthode multi-critères de choix des firmes à acheter [1].

Notre structure est loin d'être idéale et ne représente en aucun cas un modèle à copier.

En décrivant succinctement la structure à laquelle le groupe Altrad est parvenu, mon but n'était pas de tomber dans l'autosatisfaction.

Avant même la sortie en librairie de cet ouvrage, elle aura peut-être été modifiée.

Elle est le résultat d'un long processus au cours duquel de nombreuses variables ont changé : les marchés, la technologie, la concurrence, les lois et règlements, notre stratégie, notre indépendance par rapport aux banques et aux apporteurs de capitaux, mes préférences en tant que dirigeant, mes attentes en termes de pouvoir et de contrôle, etc.

A partir de l'étude de l'évolution organisationnelle de mes entreprises, de la forme entrepreneuriale à la structure du groupe, il est possible de tirer une autre conclusion qui pourra être utile aux managers face au difficile problème de choix de structure.

---

1. Voir pour une présentation détaillée de la procédure : Mohed Altrad, « Stratège de groupe », Chotard.

Procédure de choix d'une structure

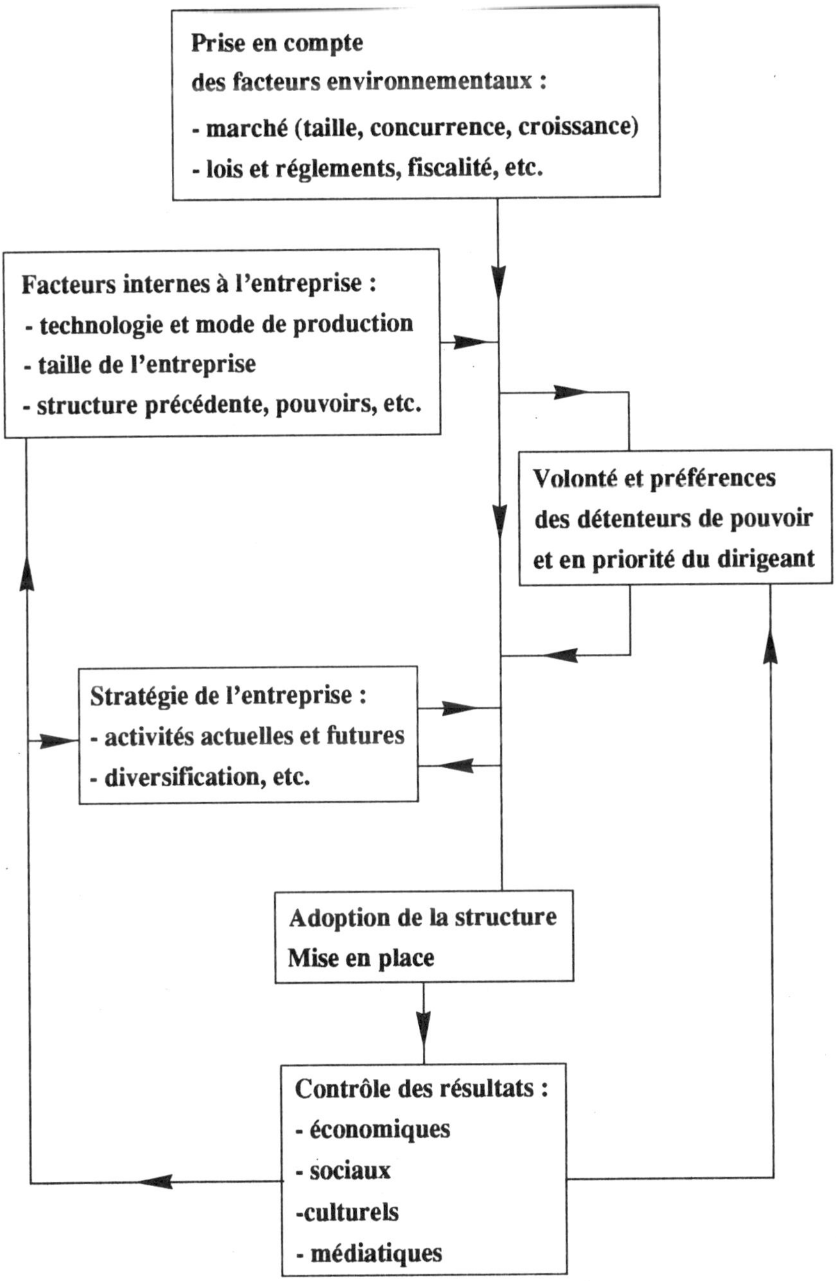

L'évolution de la structure est étroitement liée aux modifications de la stratégie de croissance de l'entreprise.

La croissance et, principalement, la croissance externe en posant des problèmes notamment administratifs contraignent à des changements organisationnels.

Réciproquement, ces derniers vont, en donnant plus de souplesse à la structure, lui permettre de saisir davantage d'opportunités et ainsi de suite.

Il existe donc une relation à double sens entre la stratégie et la structure de l'entreprise, relation qui donne à celle-ci l'impulsion vers le progrès.

De mon expérience, j'en ai également tiré une procédure de choix d'une structure d'entreprise. Bien que simpliste et critiquable, elle m'a rendu service tout au long de mon parcours d'entrepreneur.

Comme l'ont si bien écrit R.M. Cyert et J.G. March, « un directeur ne peut pas faire tout ce qu'il devrait faire. La plupart des théories sur l'entreprise sous-estiment grossièrement le temps dont peuvent disposer les membres d'une entreprise et notamment ses directeurs ».

Fonction essentielle et prééminente dans l'entreprise, la fonction de direction souffre en effet du manque de temps des personnes qui en ont la responsabilité.

Or, contrairement aux autres fonctions dans l'entreprise, la production, le marketing, etc., la direction ne peut être sous-traitée.

Le recours à l'extérieur qui se développe dans les grandes comme dans les petites entreprises et qui concerne de plus en plus fréquemment non plus seulement des activités telles que le gardiennage, l'entretien, etc. mais des activités comme la production, la comptabilité, la publicité, les achats et les approvisionnements, etc. ne pourra en effet jamais toucher la direction autrement que par un simple conseil d'expert.

Un bon dirigeant devant savoir gérer son temps, je consacrerai le chapitre suivant à la gestion du temps.

3

SAVOIR GÉRER SON TEMPS

Ce n'est pas un hasard si Jean-Louis Servan-Schreiber, Président-Directeur Général du célèbre groupe de presse L'Expansion et homme aux multiples activités, s'est intéressé à la gestion du temps au point de tirer de ses réflexions la matière à écrire un ouvrage (*L'Art du temps,* Fayard, 1983).

Quel est le rapport, penseront certains, entre la gestion du temps et le management ?

Il est plus étroit qu'il n'y paraît de prime abord.

En premier lieu, un dirigeant débordé est généralement sujet à la nervosité, à l'anxiété, à l'angoisse, au stress, états psychologiques peu favorables à la concertation et au dialogue.

Plus grave peut-être, des études faites sur les journées de travail de responsables ont établi que leur plage de temps moyenne non interrompue ne dépassait pas les sept à huit minutes.

Un dirigeant constamment sollicité n'est plus capable de réflexion, de planification, de vision stratégique.

A remplir des tâches pléthoriques, il ne peut pas faire face aux plus importantes d'entre elles et pour lesquelles il devrait consacrer la majeure partie de son temps de travail.

Comme dans toute procédure d'amélioration du comportement, une phase de prise de conscience est nécessaire.

Une crise intérieure peut en être l'origine. Mais faut-il attendre une dépression, une attaque cardiaque pour prendre la décision de gérer son budget-temps avec autant de rigueur que nous gérons notre budget-argent ?

La meilleure façon d'être sûr de bien utiliser son temps consiste à analyser l'utilisation que vous en avez fait jusqu'alors.

1. *L'inventaire des activités.*

Comme il est difficile de faire de mémoire la liste de toutes les activités accomplies au cours de la journée, voire de la semaine ou du mois écoulé, pour plus d'objectivité et pour éviter les oublis inconscients, il est bon de consacrer une semaine au moins, y compris les jours non ouvrables, à inventorier toutes vos tâches et activités quart d'heure par quart d'heure.

Remplissez donc scrupuleusement, le plus précisément et le plus fréquemment possible de manière à ne rien omettre, des feuilles d'activités de votre lever à votre coucher.

	Feuille d'activités de la journée du...
	Activités
6 h 00- 6 h 14 :	
6 h 15- 6 h 29 :	
6 h 30- 6 h 44 :	
6 h 45- 6 h 59 :	
7 h 00- 7 h 14 :	
18 h 00-18 h 14 :	
18 h 15-18 h 29 :	
22 h 00-22 h 14 :	
22 h 15-22 h 29 :	

Une fois que vous avez rempli les feuilles d'activités correspondant à une semaine complète au moins, vous pouvez en faire l'analyse.

2. *L'analyse de son temps.*

Elle nécessite des regroupements thématiques qui ne doivent pas concerner uniquement les tâches professionnelles.

Commencez par un découpage par activités générales : activités familiales, sportives, domestiques, professionnelles, etc. Ne faites pas l'erreur de considérer vos activités extraprofessionnelles comme inutiles. Elles sont nécessaires à votre équilibre et à votre santé tant physique que psychique.

Puis, procédez à une catégorisation de vos activités professionnelles : réunion, déplacement, rédaction de dossier, téléphone, repas d'affaires, lecture, etc.

La réalisation de graphiques tels que des histogrammes ou des « camemberts » facilitera votre prise de conscience de la très probable mauvaise gestion de votre temps.

Amusez-vous également à calculer en minutes la plus longue période de votre journée de travail sans aucune interruption si minime soit-elle.

Vous serez sans aucun doute surpris par le peu de temps que vous avez passé à des tâches réellement productives et notamment à la réflexion stratégique, à l'innovation, etc.

Au contraire, vous serez vraisemblablement affolé par le nombre de tâches « tempivores » et par les voleurs de temps.

3. *La chasse aux activités chronophages.*

Une étude effectuée auprès de responsables américains, canadiens et mexicains a permis de dresser la liste des activités « chronophages » les plus courantes et de les classer en deux catégories :

— les causes qui nous sont propres liées à nos attitudes

à l'égard du temps, à notre organisation, nos habitudes, nos choix, notre façon de faire, notre croyance de bien faire, etc.,

— les causes externes sur lesquelles nous pensons à tort de ne rien pouvoir faire.

Treize de ces dernières furent identifiées :

1. les appels téléphoniques imprévus ou inutilement longs,
2. les collègues ou collaborateurs qui entrent exposer leurs problèmes ou viennent bavarder pour passer le temps,
3. la politique de la porte ouverte et le devoir que l'on se fait d'être toujours disponible qui favorisent les dérangements intempestifs,
4. les visiteurs, les clients et les fournisseurs qui viennent à l'improviste,
5. le personnel insuffisamment formé et compétent, notamment un secrétariat défaillant,
6. le patron et/ou la hiérarchie surtout lorsqu'ils sont eux-mêmes mal organisés,
7. les repas d'affaires et autres « pots » trop fréquents, trop longs ou générateurs de fatigues,
8. les réunions trop fréquentes, trop longues et mal préparées,
9. les démarches administratives, personnelles ou familiales,
10. les machines et le matériel qu'il faut entretenir voire réparer soi-même,
11. les enfants qu'il faut accompagner à des rendez-vous,
12. le ménage, les courses, la cuisine trop prenants,
13. les enfants ou les proches qui téléphonent ou viennent sur les lieux de travail.

En plus de ces treize voleurs, seize causes internes de perte de temps, pour lesquelles nous avons une (grosse ?) part de responsabilité, furent isolées :

1. des objectifs et des priorités confus et changeants,
2. l'absence d'un plan de travail quotidien,
3. des travaux « en cours » qui n'en finissent pas,
4. l'absence de dates limites auto-imposées,
5. la tendance à en faire trop : le perfectionnisme,
6. le manque d'ordre, un bureau mal rangé,
7. une mauvaise délimitation des responsabilités,
8. une délégation insuffisante,
9. une attention excessive aux détails : le fignolage,
10. le retard à traiter les conflits,
11. la résistance au changement,
12. des centres d'intérêt dispersés et trop nombreux,
13. l'inaptitude à dire Non !
14. le manque ou la surabondance d'informations,
15. l'indécision ou les décisions trop rapides ou prises en comité,
16. la forme, le tonus en baisse.

La perte de temps n'est donc pas totalement imputable aux autres et cela d'autant plus qu'en général les causes externes sont les symptômes des causes internes.

Peter F. Drucker, considéré par beaucoup comme « le pape du management », a procédé à l'expérimentation suivante : il demanda à 40 responsables de dresser leur liste de voleurs de temps.

La plupart accusèrent naturellement les voleurs externes : « C'est la faute des autres ! »

Puis, Peter Drucker leur diffusa un film qu'il avait réalisé montrant un chef d'entreprise accumulant au cours de sa journée à peu près toutes les erreurs imaginables en matière de gestion du temps. Après visionnage, Drucker interrogea de nouveau les responsables qui, alors, citèrent des voleurs non plus externes mais internes.

Le plus souvent, les causes externes ne sont en réalité que les conséquences d'attitudes, de comportements personnels propres à favoriser leur apparition.

Ainsi, les voleurs de temps ont-ils généralement au moins « deux complices » : l'inaptitude à dire non et la délégation insuffisante.

Il n'en reste pas moins vrai que la chasse aux gaspillages est une affaire personnelle et que seule une analyse lucide et personnalisée des tempivores permet d'espérer une meilleure gestion du temps.

C'est pourquoi, plutôt que de se contenter de considérations et de solutions générales et présentées comme universelles, il semble préférable de chercher à isoler ses principales faiblesses et menaces en matière de temps.

Après en avoir fait la liste, j'utilise pour ma part une méthode de « scorage » des voleurs de temps basée sur une notation de 1 à 5 de leur degré de perturbation et de leur fréquence d'apparition.

A partir de cette double évaluation, certes subjective, il est possible de calculer l'importance des voleurs de temps en multipliant leur degré de perturbation par leur fréquence d'apparition de façon à mettre en évidence les principaux d'entre eux qui devront faire l'objet d'une recherche active de solutions.

Importance des facteurs = Degré de perturbation × Fréquence d'apparition.

Il ressortait de cette analyse qu'il me fallait trouver des solutions pour réduire mes déplacements (15), mes repas d'affaires (12) et accroître l'efficacité des réunions auxquelles j'assistais (12).

Une fois identifiées, les principales causes de perte de temps, des solutions viennent généralement d'elles-mêmes.

J'ai pu diminuer le nombre de mes déplacements par une meilleure délégation (voir le chapitre : savoir déléguer), une

Il y a quelques mois encore, ma grille était la suivante :

	Degré de perturbation	Fréquence d'apparition
Causes :		
— appels téléphoniques trop longs ou inutiles	2	2
— interruptions dans le travail	3	2
— entretiens trop longs ou inutiles	3	1
— mauvais rangement des documents	3	1
— informations insuffisantes ou trop abondantes	2	2
— fatigue	4	1
— déplacements	5	3
— collaborateurs sans initiative ou incompétents	3	1
— réunions trop fréquentes, trop longues, mal préparées ou inutiles	4	3
— procédures trop rigides	4	1
— rédaction de rapports inutiles ou trop longs	3	1
— lectures inutiles	3	2
— conflits à résoudre	4	1
— perfectionnisme	4	2
— objectifs vagues et priorités changeantes	3	2
— repas d'affaires trop longs ou trop lourds, etc.	4	3

vérification stricte de leur utilité absolue, leur programmation dans le temps et l'organisation de circuits, le développement des réunions à distance (voir le chapitre : savoir gérer à distance), etc.

J'ai dû également apprendre à dire non aux sollicitations, y compris à celles qui satisfaisaient mon amour-propre, mon plaisir d'être indispensable.

Tout ceci ne fut possible qu'en me fixant des priorités et en planifiant scrupuleusement mes périodes de travail.

4. *La fixation d'objectifs.*

Si certaines tâches ne sont jamais accomplies et si certains projets n'aboutissent jamais, on en connaît les raisons principales : l'absence de motivation réelle, le poids des habitudes, la pression de l'entourage, mais surtout l'absence de véritables objectifs précis, réalistes, mesurables et intégrés dans l'emploi du temps.

Il faut donc appliquer les principes généraux de la gestion des entreprises à la gestion de son temps en se fixant des objectifs opérationnels cohérents les uns les autres et hiérarchisés en fonction de leurs priorités.

L'agenda est à ce titre l'un des meilleurs outils de planification. Il permet une planification quotidienne, hebdomadaire, mensuelle voire annuelle.

Courant décembre, planifiez vos activités pour l'année à venir. Une semaine avant le début d'un mois, planifiez-le. Le vendredi après-midi est le moment idéal pour organiser la semaine suivante. La veille au soir ou en tout début de journée, planifiez votre travail d'un jour.

5. *L'organisation d'une période de travail.*

Une bonne gestion du temps passe par la hiérarchisation des activités à effectuer. Que ce soit pour une année, un mois ou pour une seule journée, la démarche de hiérarchisation est identique.

Il faut tout d'abord dresser par écrit la liste des tâches à accomplir.

Puis, il faut classer ces activités selon leur priorité. Pour les hiérarchiser sans trop de difficultés, posez-vous les questions simples, mais souvent suffisantes, subséquentes : « Est-ce urgent et important ? » « Est-ce important mais non urgent ? »

Selon vos réponses, vous pourrez classer chaque activité dans l'une des quatre catégories suivantes :

— A faire absolument, en toute priorité.
— A faire absolument, le plus tôt possible.
— A faire dès que possible.
— A déléguer.

Estimez le temps que vous jugez nécessaire pour réaliser chacune des activités que vous ne souhaitez pas déléguer ou, autrement dit, affectez un budget-temps à chaque tâche à accomplir.

Affectez un numéro d'ordre à chaque activité, en tenant compte de leur importance, de leur urgence, de leur durée, de leur difficulté, sachant qu'il n'est pas bon de s'épuiser dès le début de la journée en réalisant de multiples tâches alors que cette période est particulièrement favorable à la créativité et à la prise de décision.

Dans l'organisation de votre journée, prévoyez quelques heures de« mou », éventuellement en plusieurs plages réparties dans la journée, pour faire face à l'imprévisible et gérer les crises subites.

Prenez rendez-vous avec vous-même, et cela au moins deux fois par jour : la première pour planifier votre journée et la seconde, pour contrôler la bonne exécution des activités prévues cinq minutes à chaque fois suffisent généralement pour s'assurer un emploi optimal du temps et pour prendre de bonnes habitudes.

Le contrôle *a posteriori* vous permettra, en effet, de mieux vous connaître, ce qui vous aidera à améliorer votre efficacité face au temps.

Il vous dira si toutes les tâches planifiées ont été accomplies, si vos heures limites ont été à chaque fois respectées, si vous estimez correctement la durée des tâches inhabituelles, etc.

Certaines activités, on le sait, telles que de réflexion, de prospective, de choix stratégique nécessitent des périodes de temps sans aucune interruption.

Pour les effectuer dans de bonnes conditions, accordez-vous également un rendez-vous, à un moment de votre choix, en le matérialisant sur votre agenda et n'acceptez sous aucun prétexte de l'annuler.

4

SAVOIR GÉRER A DISTANCE

En plus du temps qui lui fait défaut s'il n'arrive pas à l'apprivoiser, le dirigeant d'aujourd'hui doit, dans la plupart des cas, faire face à la dispersion géographique des entreprises, établissements et autres structures dont il a la responsabilité.

Ce problème de l'éloignement séparant les centres de décision des lieux d'exécution n'est plus le propre des groupes et des entreprises multinationales, de nombreuses PME y sont confrontées.

Combien d'entreprises françaises, en effet, ont-elles leur siège social à Paris ou dans sa région, et leurs usines en Province ?

La première conséquence de l'éloignement est l'augmentation du nombre et de la durée des déplacements ce qui, bien entendu, grève le budget-temps du dirigeant.

La solution ne serait-elle pas de prendre des décisions à distance ?

A première vue, on pourrait le croire d'autant plus qu'il existe, de nos jours, de nombreux moyens de transmission d'informations.

Moyens que nous présenterons dans ce chapitre tant il est peu fréquent qu'ils le soient dans un ouvrage de management alors qu'ils font ou feront bientôt partie du quotidien du manageur.

Cependant, leurs atouts et avantages ne doivent surtout pas occulter l'influence néfaste des distances sur la prise de décision qui a été mise en évidence par de nombreuses études.

1. *La dispersion géographique : source d'erreurs de gestion.*

Plus une organisation est dispersée géographiquement, plus, si on n'y prend pas garde, les décisions incorrectes deviennent fréquentes.

La principale raison de ce phénomène est la difficulté d'appréhender l'environnement à distance.

« Loin des yeux, loin du cœur », dit un proverbe. En matière de gestion, il garde toute sa sagesse populaire.

L'éloignement peut aveugler, déformer les faits, faire croire vraie une observation fausse, faire douter d'un fait exact.

Les grands de ce monde ne sont-ils pas eux-mêmes victimes de la distance qui les sépare de leur peuple ?

François Bus, dans son ouvrage « communiquer et manager à distance » (Chotard éditeurs), a dressé la liste des conclusions de ses recherches sur l'influence de la distance en matière décisionnelle :

1. La distance abaisse le niveau d'incompétence, c'est-à-dire celui vers lequel, dans une hiérarchie, toute personne a tendance à s'élever. Lorsque ce niveau est atteint, l'individu ne progresse plus mais devient incompétent dans le poste occupé.

2. Le niveau d'incompétence est atteint plus rapidement lorsqu'il faut diriger à distance que lorsque l'on dirige localement.

3. Il faut être plus compétent pour diriger à distance que pour diriger sur place.

4. Quelqu'un qui est compétent dans son travail lorsqu'il s'agit de diriger localement une opération peut devenir incompétent pour en diriger une autre à distance.

5. Il y a donc plus de risques d'avoir des incompétents dans une organisation centralisée que dans une organisation décentralisée.

6. Une société qui crée des filiales lointaines, une organisation qui met en place des organisations éloignées risquent de voir les responsables de l'organisme central propulsés à leur niveau d'incompétence en ce qui concerne les opérations éloignées, même s'ils restent compétents pour les mêmes problèmes lorsqu'il s'agit de problèmes de l'organisme central.

2. *L'éloignement : source de conflits entre les directeurs du groupe.*

A moins que le décideur ne soit très compétent, une décision prise à distance a, en principe, moins de chances d'être bonne qu'une décision prise localement.

Mais, le danger du management à distance, en cas de mauvaises décisions, réside également dans le fait que si les responsables locaux sont compétents, ils ne pourront que s'opposer à leur mise en œuvre.

Il en résultera des pertes de temps, voire des conflits, une hostilité à l'égard des autres décisions jugées arbitraires, une démotivation et éventuellement des démissions.

Les cadres locaux démissionnaires seront alors remplacés par des personnes moins compétentes qui accepteront d'appliquer, sans déceler leurs faiblesses, les décisions prises à distance. Tout ceci, bien sûr, n'est pas la meilleure façon de rendre performante son organisation.

3. *Les moyens pour supprimer les effets négatifs de l'éloignement.*

Nous avons vu les risques qu'encourait un dirigeant à manager à distance et notamment celui d'affaiblir sa compétence.

A moins de relocaliser en un seul lieu, toutes les activités du groupe, ce qui est envisageable mais relève d'autres considérations, le moyen le plus sûr reste, qùitte à vous décevoir, celui de se déplacer pour travailler avec chacune des unités du groupe et cela le plus fréquemment possible.

L'obligation de se déplacer ne concerne pas uniquement le PDG, chaque directeur, chaque cadre du siège se doit de passer un minimum de temps là où sera appliquée sa décision.

Il appréhendra lui-même la situation, dialoguera avec les responsables locaux et les agents d'exécution, négociera avec eux, toutes choses qui rendent une décision collective et non arbitraire.

Je passe pour ma part près de la moitié de mon temps dans mes établissements de province. Les cadres au siège social parisien du groupe, qu'ils soient financiers, commerciaux ou comptables, sont en déplacement une bonne partie de la semaine.

Des réunions avec tous les responsables locaux sont organisées régulièrement, soit dans un des établissements du groupe, soit au siège social. Dans la mesure du possible, nos cadres, avant d'intégrer le siège social, ont passé une partie de leur carrière dans les différents établissements du groupe.

La connaissance des faits et le plaisir d'être compétent ne justifient-ils pas quelques sacrifices ?

4. *Les outils de télécommunication au service du management à distance.*

L'apparition de moyens de communication modernes a incontestablement favorisé le développement du management à distance.

Le téléphone, d'abord, qui facilite la communication et les échanges d'informations entre des individus éloignés.

Voleur de temps, quand on ne sait pas l'utiliser, le téléphone peut en faire gagner beaucoup.

Grâce au radiotéléphone, les déplacements en voiture ne sont plus des périodes préjudiciables.

Le dirigeant qui souhaite garder un contact permanent avec son entreprise quel que soit le lieu où il se trouve en Europe peut également s'abonner à Eurosignal et s'équiper d'un récepteur portatif qui émet des « bip, bip » pour lui faire savoir que l'on cherche à le joindre.

Pour éviter les désagréments bien connus du téléphone, il suffira de respecter ces quelques principes :

— avoir une bonne secrétaire, c'est-à-dire une assistante bien informée de vos priorités et de vos projets qui puisse faire barrage aux importuns ou qui puisse répondre à votre place sur des sujets que vous lui aurez délégués ;

— éventuellement, quand votre secrétaire est absente, utilisez le filtrage d'appel de votre répondeur-enregistreur qui vous permet d'écouter tous les messages au moment de leur émission et de prendre la communication si l'un d'eux est d'un correspondant avec qui vous souhaitez dialoguer au plus vite ;

— chronométrez vos conversations pour avoir une idée du temps qui s'écoule et pour contrôler *a posteriori* leur véritable efficacité ;

— pour couper l'élan d'un bavard, ne dites plus un mot, il s'en apercevra peut-être et concluera de lui-même. Si cela ne suffit pas, prétextez un autre coup de téléphone sur une autre ligne, un rendez-vous urgent, etc.

Le télex, autre moyen de communication du manageur contemporain, permet de transmettre instantanément des messages écrits sous forme dactylographiée à des unités d'un même groupe ou à des entreprises, fournisseurs ou clients, implantées en France ou à l'étranger.

L'intérêt du télex réside dans son universalité ; il permet, en effet, un accès immédiat à près de deux millions d'abonnés répartis dans plus de cent quatre-vingt-dix pays différents.

Il fonctionne, en outre, 24 heures sur 24, ce qui réduit notamment les inconvénients des décalages horaires et permet de dialoguer en temps réel sous un mode conversationnel.

Enfin, contrairement à la télécopie, le télex constitue en droit français un début de preuve, avantage non négligeable en cas de décision de vente ou d'achat.

La télécopie, dont l'origine est ancienne puisqu'elle est née au siècle dernier et était utilisée principalement pour transmettre des fac-similés entre organes de presse, a connu ses dernières années un développement considérable à tel point qu'elle a détrôné la suprématie du télex.

La télécopie est un système de courrier électronique qui permet de communiquer à distance des documents écrits de toutes sortes, dactylographiés, manuscrits, graphiques, via le réseau téléphonique ou TRANSCOM.

La télécopie est un outil de communication de plus en plus utilisé par les entreprises de toutes tailles en raison de sa simplicité d'utilisation et surtout de sa grande souplesse.

Elle n'exige pas, en effet, des documents dactylographiés ce qui a pour autre conséquence la réduction des délais et des coûts de secrétariat.

Aussi, chacune des unités physiques de notre groupe estelle équipée en télécopieurs.

Pour créer un véritable courrier intra-groupe ou interentreprises, de bonne qualité, ni la télécopie ni même le télex ne suffisent.

Le Télétex est en revanche le moyen idéal. C'est un système qui permet de transmettre un courrier électronique à distance par un réseau de télécommunications en dix secondes par page et pour un coût réduit.

Fondé sur une norme internationale, le service Télétex garantit la compatibilité entre tous les types de terminaux, à l'aide d'interfaces pour micro-ordinateurs par exemple, et acceptant les caractères accentués et les alphabets internationaux. Il permet, en outre, la connexion avec le réseau Télex que nous avons présenté ci-dessus.

Notre groupe s'est également doté d'un système informatique permettant à l'aide de réseaux commutés (réseau télex, réseau téléphonique, Transpac) de transmettre des données, d'accéder à distance à des ordinateurs à partir de terminaux divers et ce, quelle que soit leur localisation géographique, donc de bénéficier de toutes les possibilités de stockage d'information ou de puissance de calcul.

C'est, de plus, une solution peu coûteuse pour mettre en relation plusieurs unités dispersées, la tarification étant indépendante de la distance.

Facilité d'accès, sécurité des transmissions, disponibilité sur tout le territoire français, possibilité de connexion avec les réseaux étrangers font des réseaux commutés, et tout particulièrement du réseau Transpac, un passage obligé pour les entreprises et les groupes qui doivent faire face à la dispersion de leurs unités.

Il n'est toutefois pas réaliste de croire que grâce aux outils de télécommunications, le management à distance puisse remplacer totalement la gestion *in situ*.

5. *Les effets pervers de l'utilisation des outils de télécommunication.*

Les risques du management à distance que nous avons cités, demeureront, et d'autres générés par l'informatique viendront s'y ajouter.

Citons pour mémoire les problèmes, bien connus des utilisateurs de l'informatique, de transmission de virus, de perte de fichiers, de détérioration de disquettes, etc. pour lesquels, il est vrai, des solutions ont été trouvées. Mais, encore faut-il avoir eu le temps de s'informer ainsi que l'argent et le temps, encore lui, nécessaires pour les mettre en œuvre.

Plus grave, sans aucun doute, est la modification des comportements des dirigeants induite par la plus grande rapidité des communications.

Lorsque la communication d'informations n'est plus un obstacle, le dirigeant aura tendance à en demander toujours plus, à exiger des compléments avant de prendre sa décision.

Les facilités de communication entraînent donc un besoin d'informations accru, des aller-retour entre le dirigeant et ses collaborateurs plus nombreux.

Le dirigeant aura, en outre, tendance à recentraliser les décisions parce que la difficulté matérielle pour communiquer avec ses unités le contraignait à déléguer jusqu'alors son pouvoir de décision.

En d'autres termes, plus les communications seront faciles et rapides dans une organisation à établissements multiples et dispersés géographiquement, plus la délégation risque d'être faible, plus les décisions à prendre risquent d'être lentes et difficiles, plus le dirigeant aura tendance à comparer les décisions prises dans chacun de ses établissements, plus il aura tendance à établir des procédures de décision dont il imposera l'emploi et qui compliqueront sérieusement la vie des responsables locaux, plus, en conséquence, le niveau d'incompétence risque d'être atteint rapidement.

Des dangers que tout manageur à distance devra toujours garder en mémoire pour éviter que l'utilisation des outils de télécommunication soit, non pas source de profits, mais à l'origine de contre-performances.

6. *Les réunions à distance : un nouveau dialogue dans les entreprises.*

Les progrès technologiques en matière de télécommunications ont permis l'apparition de nouvelles formes de réunion qui furent considérées comme un remède aux dépenses de temps, de déplacements et d'énergies qu'occasionnent les réunions classiques.

En les utilisant au sein de mon groupe, je m'aperçus très rapidement qu'elles ne faisaient gagner du temps que dans certaines conditions d'utilisation, qu'elles devaient respecter des principes parfois différents de ceux appliqués dans des réunions traditionnelles, qu'elles avaient d'autres avantages que ceux d'économies de temps et de fatigue.

Je présenterai tour à tour les avantages et les conditions d'emploi de la téléréunion, de la triade, de l'audioconférence, de la visionconférence, de la réunion par ordinateur et évoquerai un projet de vidéotransmission.

A. — *La téléréunion.*

Son utilisation ne pose plus aucune difficulté technique depuis que France Télécom propose son service de « Réunion-Téléphone ». Il suffit à l'organisateur de la réunion de faire une réservation en appelant le numéro vert de l'Actel.

Ce département de France-Télécom lui indiquera un numéro de téléphone confidentiel qu'il communiquera aux personnes avec qui il souhaite dialoguer au cours de la téléréunion et qui n'auront qu'à le composer à l'heure dite.

La réunion-téléphone permet de mettre en relation jusqu'à vingt personnes, que celles-ci se trouvent en France ou à l'étranger, et qu'elles soient dans une cabine publique ou qu'elles téléphonent de leur voiture ou d'un poste fixe.

A première vue, elle est donc simple et facile à organiser. Il n'en demeure pas moins vrai que sa pratique a fait apparaître quelques pièges à éviter.

Des enquêtes réalisées auprès de cadres américains ont montré que le principal atout de cette méthode était « les possibilités d'économie de temps », possibilités qui ne se concrétisaient que dans certaines conditions d'application.

Les réunions par téléphone nécessitent une grande préparation, un ordre du jour précis, la fixation *a priori* de sa durée maximale à défaut de quoi elles sont trop longues, confuses et désordonnées.

Le nombre d'interlocuteurs ne doit pas être supérieur à sept au risque d'accroître la confusion, la surabondance d'informations ainsi que l'apparition de deux ou trois leaders monopolisant la parole.

Alors qu'elles sont parfaitement adaptées pour régler collectivement des problèmes urgents, elles ne conviennent absolument pas à l'élaboration d'une stratégie à long terme.

Les réunions par téléphone sont plus fructueuses quand les questions sont quantitatives telles que, par exemple, les prévisions des ventes ou l'analyse des écarts, etc.

Il faut éviter, autant que faire se peut, les interruptions trop nombreuses, les prises de parole simultanées, les attributions erronées de propos liées à la difficulté de savoir qui dit quoi.

Lors d'une réunion par téléphone, les participants ont tendance à adopter un débit de parole très lent et à monologuer plus longtemps qu'ils n'en ont l'habitude. Chaque intervention durant des minutes plutôt que des secondes, la réunion devient vite ennuyeuse.

L'animateur a un rôle à jouer en donnant l'exemple par sa façon de parler, notamment en utilisant un rythme normal, en modulant ses intonations, en n'hésitant pas à sourire, puisque, comme on le sait, le sourire s'entend au téléphone.

Dans leur excellent ouvrage *Enfin des réunions efficaces* (Editions Eyrolles), Roger K. Mosvick et Robert B. Nelson suggèrent à juste titre que tous les individus en communication précisent leur identité et le lieu où ils se trouvent, que les animateurs se présentent comme tels.

Et d'ajouter : « Il est bon d'emprunter certaines techniques aux présentateurs de radio, par un simple code pour signaler qu'on a terminé comme « j'ai fini », ou « un moment » pour signifier qu'on a encore quelque chose à ajouter. Avant de prendre la parole, tous les locuteurs doivent se présenter : « Ici Bert... » Si possible, les questions doivent être adressées à certains individus bien déterminés : « Je pense que c'est à Jack de répondre en premier. »

B. — *La triade par téléphone.*

Ce n'est ni plus ni moins qu'une réunion par téléphone à trois. Nous la signalons parce qu'elle est d'une grande facilité d'emploi depuis que France-Télécom propose par abonnement un service de confort téléphonique qui permet au cours d'une communication de joindre un second correspondant en mettant le premier en attente.

Dès que la correspondance est établie, les trois personnes peuvent s'entendre et dialoguer.

L'animation d'une triade est, bien entendu, plus simple que celle d'une téléréunion classique. Les problèmes que nous avons évoqués ci-dessus sont minimisés par le seul fait d'un effectif réduit. Une plus grande spontanéité s'établit.

La triade par téléphone a donc sensiblement les avantages d'une rencontre en face à face auxquels s'ajoute celui de réaliser des économies de temps et de déplacement.

Sa souplesse autorise une utilisation quotidienne, ce que nous ne pouvons pas nous permettre avec l'audioconférence.

C. — *L'audioconférence.*

L'audioconférence permet à plusieurs groupes de personnes éloignés les uns des autres de travailler ensemble, en temps réel et en ayant les mains libres, depuis des studios reliés entre eux par les réseaux Transcom ou Numéris.

Chaque studio peut accueillir six participants et est équipé d'une tablette de téléécriture grâce à laquelle il est possible de retranscrire et de corriger à distance des schémas, des textes, des graphiques, etc. qui sont affichés sur un écran de télévision.

Les studios sont également pourvus de télex, de télécopieur et de minitel pour faciliter tous les types de transmission.

L'audioconférence assure donc une qualité de dialogue supérieure à celle de la réunion par téléphone classique.

Elle est, en revanche, plus contraignante puisqu'elle impose aux participants de se réunir dans des studios spécialisés. C'est pourquoi son utilisation doit être justifiée par le besoin de communiquer des données écrites, de les commenter, voire de les modifier collectivement.

Elles sont toutefois beaucoup plus rares que les téléréunions et les triades. Les unités du groupe Altrad étant largement équipées en télex, en télécopieur et en modem, la transmission simultanée de données nous est aisée, ce qui limite, sans l'éliminer, l'intérêt de l'audioconférence.

Enfin, lorsque les participants ne se connaissent pas ou se connaissent mal, il faut lui préférer la réunion en face à face ou la visioconférence.

D. — *La visioconférence ou téléconférence.*

La visioconférence est un moyen de réunir à distance deux groupes de six personnes qui se verront, s'entendront et pourront s'échanger des documents en temps réel faisant ainsi disparaître les obstacles de l'éloignement physique.

De nombreux chefs d'entreprise ont pu croire que la téléconférence, en tant que moyen de communication complet, allait remplacer la réunion de vive voix.

Or, des recherches à son sujet ont vite fait apparaître des réserves.

En premier lieu, le matériel d'enregistrement audiovisuel, caméra, microphones, etc., crée un climat impersonnel qui n'incite pas à la spontanéité.

Les participants doivent s'habituer à ce nouvel environnement avant de s'exprimer normalement.

Pour les aider à s'adapter, un animateur rompu à cette nouvelle forme de communication est indispensable, si possible, dans chacune des deux salles.

En second lieu, les participants ont du mal à adopter un processus de prise de parole efficace et non perturbateur.

Les interruptions sont souvent inopportunes. Les interventions sont longues et fréquemment redondantes, les participants pensant ainsi se faire mieux comprendre.

En outre, phénomène que nous avions déjà souligné dès lors que les communications sont facilitées, la visioconférence a pour effet d'accroître et non de réduire le nombre des réunions et le temps nécessaires à la prise de décision.

Des études américaines ont mis en évidence que même si les participants se connaissent bien entre eux, ils éprouvent le besoin de se retrouver périodiquement en face à face. Des réunions classiques sont utiles pour rendre plus efficaces les visioconférences.

Lapalissade ou pas, il faut signaler que les visioconférences sont difficiles à organiser en cas de décalages horaires.

Par ailleurs, la visioconférence nécessite une préparation matérielle et une coordination sans commune mesure avec celle d'une triade ou d'une réunion par téléphone.

Enfin, et surtout, comme dans le cas de l'audioconférence, l'inconvénient de cet outil réside dans la nécessité de ce déplacer vers un studio aménagé à cet effet.

Or soyons francs, il est parfois plus long de traverser Paris que de parcourir 700 kilomètres en avion.

C'est l'une des raisons pour laquelle nous n'avons pas utilisé la téléconférence jusqu'à présent.

Dès lors que le réseau de salles aménagées sera plus dense et qu'il sera connecté à des salles situées à l'étranger, cet outil alliant l'image et le son de qualité à la possibilité de transmettre par télécopieur, télex, etc. des documents en temps réel deviendra, n'en doutons pas, une véritable solution de substitution à la réunion classique en face à face.

D'ici là, nous n'excluons pas de l'utiliser, en interne ou en externe, lors d'une négociation ou d'une campagne de sensibilisation et/ou de formation pour donner un caractère de modernité à l'image de notre groupe.

Dans cette même optique, nous travaillons actuellement sur un projet de vidéotransmission.

E. — *La vidéotransmission.*

La vidéotransmission consiste à transmettre à distance des images de grande qualité filmées en direct d'une manifestation vers des salles de projection équipées pour les recevoir.
Grâce à une liaison dite « retour son », un dialogue entre les spectateurs de chacune des salles de réception et les intervenants situés dans la salle d'émission peut s'établir.

En plus des équipements fixes proposés par France-Télécom dans plus de dix villes françaises, des installations mobiles peuvent être mises en place de manière à transmettre du lieu où on le souhaite, en France ou à l'étranger, vers ceux de son choix.

Très spectaculaire, ce moyen de communication collectif et interactif à distance me semble parfaitement adapté pour associer un public qui n'aurait pas pu assister à un événement en raison de son éloignement géographique.

Quelques entreprises l'ont déjà compris et l'utilisent comme support à une politique de communication institutionnelle et événementielle.

Jacques Calvet, Président de PSA, ne l'a-t-il pas expérimenté pour présenter la nouvelle Peugeot 106 ?

Nous étudions donc plusieurs projets de vidéotransmission dont un en interne qui aurait lieu lors de la fête annuelle du groupe, ce qui permettrait de réunir tous les personnels de nos différentes unités.

Mais, pour être sincères, nous attendons de l'utilisation de cet outil plus un gain d'image de modernité qu'une économie en temps et en frais de déplacement.

7. La réunion par ordinateur.

Avec le développement de l'informatique et des réseaux d'acheminement des informations, ce que prévoyaient depuis plusieurs décennies les futurologues est arrivé : la multiplication des réunions par ordinateur.

Appelées également « conférences par ordinateur », ces réunions du troisième type sont désormais notre quotidien.

Est-ce ma formation d'informaticien ou mon attirance naturelle vers les nouvelles technologies, une chose est sûre : je fus parmi les premiers à utiliser cette forme nouvelle de réunion.

Rappelez-vous le premier produit fabriqué par ma première entreprise : une valise portable vidéotex...

Ces réunions permettent à des personnes éloignées géographiquement de se communiquer rapidement des informations et d'échanger leurs avis à des coûts généralement indépendants de la distance les séparant.

Que les interlocuteurs communiquent en temps réel ou à temps choisi de part et d'autre, ils disposent d'un temps de réflexion supérieur à celui qu'ils ont de vive voix, ce qui permet de penser que leurs idées et réponses sont plus judicieuses.

L'Institute for the Future de Californie a également montré, à l'aide de nombreuses enquêtes, que cette forme de réunion favorisait la focalisation des participants sur un nombre réduit de thèmes et la prise de décision, et que son succès n'était pas lié au nombre des participants.

Toutefois, la réunion par ordinateur est vite apparue comme le contraire d'une panacée.

Elle génère, elle aussi, des effets pervers.

Tout d'abord, la communication est incomplète en raison de l'absence de signaux corporels et oraux.

De plus, sa valeur dépend de l'aptitude de chacun à s'exprimer par écrit et à utiliser un terminal informatique.

Il est dommage de constater dans certaines organisations que l'inaptitude n'est que la conséquence d'une mauvaise volonté.

Ainsi Alvin Toffler a-t-il écrit dans son ouvrage *La troisième vague* (Edition Denoël) : « Il est vraisemblable, en revanche, que les cadres supérieurs feront obstruction : ils n'admettront pas plus de se salir le bout des doigts qu'ils n'admettent de se déranger pour aller chercher eux-mêmes leur tasse de café. »

La culture de notre groupe est telle que nous n'avons pas eu à souffrir de ce blocage qui explique en grande partie que seul un faible pourcentage de cadres, dans le monde, utilise fréquemment ce type de réunion. Ils perdent là des atouts que les jeunes générations nées avec un clavier dans leur berceau ne délaisseront pas. Ils tomberont vite de leur nuage sur lequel ils rêvent d'une reconnaissance vocale avant qu'elle ne soit parfaitement au point.

André Soubigou, chargé du Groupement Traitement du Signal de parole et Services au CNET, ne disait-il pas à un journaliste de *Science et Vie* qui l'interrogeait en vue d'écrire un hors-série (septembre 1990) sur la vie quotidienne en 2015 : « Dialoguer avec une machine aussi naturellement qu'avec un humain ne sera probablement pas encore possible dans vingt-cinq ans. »

La réunion par ordinateur a un dernier avantage par rapport à toutes les autres formes de réunion c'est qu'elle ne nécessite pas obligatoirement la présence simultanée de tous les participants. Ils peuvent entrer ou sortir à leur gré de la réunion sans rien perdre des avis échangés en leur absence.

Bien pratique en cas de décalages horaires, il est possible de tirer parti de cette caractéristique pour organiser les réunions d'un autre type.

8. *L'organisation à distance des réunions.*

Pour ceux qui ont déjà eu à réunir des personnes dont l'emploi du temps est bien rempli, il ne sera pas étonnant de lire que la planification d'une réunion est un véritable casse-tête chinois si l'on veut concilier les desiderata de chacun.

Combien de fois sera-t-il nécessaire d'établir des aller et retour au risque, tant que le dernier invité n'aura pas donné son accord, de voir votre bel édifice s'écrouler ?

Résultat : une perte de temps pour l'organisateur, sa secrétaire et les personnes dérangées à plusieurs reprises avant la planification finale.

C'est la raison pour laquelle un supérieur a tendance à fixer à jour et heure fixes les réunions périodiques et/ou à imposer arbitrairement le moment de la rencontre.

Dans la première hypothèse, les réunions peuvent devenir, les habitudes aidant, des occasions de voir ses collègues sans motif réel, sans ordre du jour, ce qui est, en plus d'une perte de temps globale importante, vite très mal perçu par les participants qui font le plus d'efforts pour venir.

Il est bon d'attirer l'attention, à ce sujet, des Parisiens qui ont toujours tendance à croire qu'il est plus facile et moins fatiguant pour des responsables de province de venir à Paris que pour eux de quitter la capitale.

J'ai remarqué également qu'alors que les cadres de province étaient ponctuels, paradoxalement les parisiens sur place étaient généralement en retard. Petits détails penserez vous ?

Certes, mais souvent à l'origine d'une distanciation, voire d'un conflit, entre les responsables d'un même groupe.

Je veille, pour ma part, en organisant nos réunions, à équilibrer les efforts de déplacement de chacun de mes collaborateurs directs.

Dans la deuxième hypothèse où le dirigeant décide arbitrairement la date et le lieu d'une réunion, il n'a pas toujours conscience des conséquences en chaîne qu'il provoque.

Les personnes ainsi convoquées doivent en toute hâte modifier leur emploi du temps, annuler des rendez-vous et des réunions, les reprogrammer, etc.

Ce bouleversement perturbe ses collaborateurs qui, eux-mêmes, doivent revoir leur agenda. Et, ainsi de suite...

Entre l'arbitraire et le consensus général, il y a toujours la solution qui consiste à demander aux personnes sollicitées de faire des concessions.

Vous avez certainement déjà entendu une formule de ce type : « Et ce jour-là, ce n'est vraiment pas possible. Il conviendrait à tout le monde... »

Vous de répondre : « Bon, si tout le monde est d'accord, mais il faudrait que la réunion soit terminée à 16 heures, car j'ai un rendez-vous très important... »

La question est de savoir si cette solution est préférable aux deux autres. Ce n'est pas évident. Le participant qui a accepté, contre mauvaise fortune bon cœur, la date de la réunion va probablement modifier son emploi du temps et ceux de ses collaborateurs.

Il n'aura probablement pas le temps de préparer la réunion qui a été planifiée sans tenir compte de ses priorités de travail (cf. le chapitre savoir gérer son temps).

Certains des autres invités à qui on aura également, plus ou moins forcé la main, ne viendront pas faute de ne pas avoir pu décommander des rendez-vous importants, par exemple avec un gros client, un banquier, etc.

La réunion aura vraisemblablement, par manque de préparation, tendance à se prolonger et ce qu'il ne fallait pas arrive : certains participants sont contraints de partir avant sa fin.

La prise de décision collective n'est donc plus possible. Une seconde réunion est nécessaire...

En conclusion, aucun des moyens de programmation des réunions que nous venons d'étudier n'est vraiment satisfaisant.

Nous avons opté comme de nombreuses entreprises d'outre-Atlantique pour une planification des réunions par ordinateur.

Chacun de nos responsables saisit son emploi du temps sur son terminal au moins une fois par semaine.

Cette façon de faire a l'avantage induit de les pousser à bien gérer leur temps.

Celui d'entre nous qui est à l'origine de la tenue de la réunion en devient d'office le coordonnateur.

Ce dernier ou sa secrétaire prend connaissance, à l'aide de son terminal, des emplois du temps des personnes qu'il souhaite convoquer et cherche, en tenant compte des déplacements de certaines d'entre elles, une date et une heure auxquelles tout le monde est disponible.

Une fois le créneau trouvé, le rendez-vous est confirmé par téléphone et l'ordre du jour écrit est transmis à chacun des participants dans un délai suffisant pour qu'ils puissent préparer leurs interventions au cours de la réunion.

Cette procédure de programmation des réunions est d'une telle efficacité pour réduire le temps passé à leur organisation et pour les rendre performantes, donc courtes, qu'aucun membre de notre groupe n'accepterait aujourd'hui de la transgresser.

Contre toute attente, les outils du management à distance que je viens de présenter ont montré leur utilité au cours des périodes noires de la guerre du Golfe.

De nombreuses entreprises telles que Citroën, IBM, et cela quelle que soit leur taille ont, en effet, appris à mieux se servir des télécommunications et de la télématique.

Leur but essentiel n'était pas alors de gagner du temps mais de garantir la sécurité de leurs salariés. Mais, cet apprentissage par la force des choses a provoqué dans certaines entreprises un véritable bouleversement des habitudes et augure un grand avenir pour le management à distance.

5

SAVOIR GÉRER SON MOI

Comment expliquer qu'un homme tel qu'Ambroise Roux, qui a dirigé pendant de longues années la CGE, se soit commis en écrivant avec deux scientifiques américains un ouvrage sur *La science et les pouvoirs psychiques de l'homme* (Edition Sand) ?

Que veut-il dire par « je pense que nous sommes à l'aube de découvertes qui peuvent être fondamentales et qui seront de nature à permettre l'exaltation, chez les hommes, de facultés nouvelles probablement latentes chez beaucoup d'entre eux » ?

Comment faut-il interpréter les demandes incessantes des chefs d'entreprise pour des formations sur les techniques de relaxation et de méditation ?

Et passons sur l'aveu d'un grand chef d'entreprise français qui avouait que l'endroit où lui venait ses meilleures idées et où il élaborait ses stratégies était : son bain... dans lequel il restait pour méditer quelques minutes chaque jour.

Cet engouement pour les méthodes « psy » n'est-il pas lié au fait qu'on ne demande plus au dirigeant d'aujourd'hui d'être seulement un spécialiste, un technicien de la gestion comme naguère ?

Comme l'a écrit Robert Papin dans son livre *Génération*

Business (Edition Dunod) : « La direction est devenue un art : l'art de prendre des décisions rapides et créatrices à partir d'informations incomplètes et fragmentaires. Alors qu'hier la conception d'un plan de développement exigeait des connaissances sophistiquées en management, elle fait désormais largement appel à la curiosité, la réceptivité, l'imagination et l'intuition. »

Et plus loin, en partant d'un entretien qu'il avait eu avec Jean-Pierre Trépon, à ses yeux chef d'entreprise exemplaire, d'ajouter : « Il ne suffit pas d'accumuler des observations pour en faire jaillir des idées. Encore faut-il laisser jouer l'inconscient qui, curieusement, établit des connections entre les informations sans lien apparent. »

Pour répondre aux attentes des dirigeants de demain, je prends donc le risque de décrire les méthodes de stimulation des idées, de pensée positive, de relaxation que j'utilise quitte à me voir critiquer et étiqueter « franchouillardement » de spécialiste de psychologie de bas étage.

Mais avant de les présenter, rappelez-vous que la gestion de votre Moi et de votre Inconscient passe par celle de votre Temps.

La fatigue et le stress sont les principaux ennemis de l'inconscient.

Les périodes de relaxation et de réflexion optimisent les périodes de travail opérationnel et de mémorisation.

Plutôt que de vouloir trop en faire, il est préférable de bien le faire et dans un climat agréable.

Les responsables des programmes au ministère de l'Education Nationale ne veulent pas le comprendre. La solution à bien des problèmes est pourtant là. En allégeant les journées de travail des élèves, le manque endémique de professeurs se réduirait. Et, entre nous, les enfants seraient-ils vraiment moins bien préparés pour l'avenir ?

Ils seraient certainement moins anxieux, angoissés, fatigués pour ne pas dire sclérosés ou dopés artificiellement et les heureux lauréats seraient moins déçus de constater que leurs nombreux sacrifices et leurs efforts souvent disproportionnés par rapport à ceux que l'on demande aux adultes ne les ont conduits qu'à l'obtention d'un diplôme à la valeur réelle contestée.

Les activités extra-professionnelles, qu'elles soient familiales, sportives ou culturelles sont tout aussi importantes que le sommeil et le repos éveillé. Planifiez-les donc avec la même rigueur que vos activités professionnelles.

La gestion de votre Moi passe également par la gestion de votre Corps.

Bien que Platon, Rabelais, Montaigne, Rousseau et bien d'autres nous aient enseigné que la pratique des exercices physiques était un moyen d'acquérir la maîtrise de soi, que l'éducation de l'âme était inséparable de celle du corps, qu'il fallait « un corps sain dans un esprit sain », « une tête bien faite plutôt qu'une tête bien pleine », trop peu de dirigeants prennent au sérieux la nécessité de faire du sport régulièrement alors que c'est, en outre, un excellent moyen de lutter contre le stress dont ils sont, pour la plupart, victimes.

« Au début de leur vie, les gens sacrifient leur santé pour s'enrichir. Plus tard dans leur vie, ils sacrifient leur richesse pour recouvrer la santé », ont écrit avec humour (noir) ? K. Kenneth Blanchard, D.W. Edington et M. Marjorie dans leur ouvrage *Le manager Minute garde la forme* (Editions d'Organisation).

Ces trois auteurs reprennent, dans leur livre, douze questions posées lors de recherches effectuées par le Fitness Research Center de l'Université du Michigan auxquelles il serait préférable pour avoir plus de chances de rester en bonne santé de répondre positivement au moins dix fois.

1. Aimez-vous votre travail ? (La plupart du temps.)
2. Observez-vous des mesures de prudence, telle qu'attacher votre ceinture de sécurité quand vous montez dans un véhicule ?
3. Pesez-vous au maximum 5 kilos de plus que votre poids idéal ?
4. Connaissez-vous trois méthodes pour réduire le stress qui ne fassent pas appel à l'usage de médicaments ou d'alcool ?

5. Fumez-vous ?
6. Dormez-vous six à huit heures par nuit et vous réveillez-vous reposé ?
7. Pratiquez-vous une activité physique au moins trois fois par semaine (dont un effort physique, course, natation ou cyclisme, et des exercices de musculation et d'assouplissement) ?
8. Buvez-vous un maximum de sept boissons alcoolisées par semaine ?
9. Connaissez-vous votre tension artérielle ?
10. Avez-vous de bonnes habitudes alimentaires ? (Petit déjeuner tous les jours ; pas d'excès de sel, de sucre et de graisses comme le beurre, les œufs, le lait entier, le fromage et la viande rouge ; suffisamment de fibres alimentaires ; peu de collations entre les repas.
11. Bénéficiez-vous d'un bon entourage social ?
12. Maintenez-vous une attitude mentale positive ?

Combien de réponses positives avez-vous ?

Combien en auraient vos collaborateurs directs ?

Cette liste fait apparaître l'importance du sport et de la diététique mais aussi, ce qui est plus original et justifie leur présentation dans cet ouvrage, celle de la pensée positive et de la gestion du stress.

1. *La pensée positive.*

Tout jeune enfant, vos parents vous conseillaient certainement de ne jamais partir perdant, d'être optimiste, d'éviter les idées noires.

Lorsqu'étudiant, vous étiez en période d'examen, ne vous êtes-vous pas rendu compte de l'influence de votre moral sur les résultats ?

Vous faisiez l'expérience de ce que certains psychologues

appellent la loi de rayonnement et d'attraction selon laquelle toutes nos pensées ou actions nous reviennent.

Nous attirons à nous ce à quoi nous pensons le plus, ce à quoi nous croyons avec le plus de conviction, ce que nous souhaitons avec le plus de force.

Soyez pessimiste et négatif, et vous serez sous l'emprise de la peur, vous aurez tendance à attirer les événements et/ou les personnes que vous cherchiez à éviter.

Le début de la journée est d'une grande importance en matière de pensée positive.

Chaque jour est une nouvelle vie. Commencez-le mal et votre journée a de grandes chances de mal se passer.

Pour ma part, j'applique les conseils de bon sens que vous avez probablement déjà lus dans des manuels pratiques :

— prendre un petit déjeuner agréable en famille,

— se préparer tranquillement,

— se rendre sans hâte au travail : quel que soit votre moyen de transport, faites en sorte de marcher quelques minutes.

Dans les transports en commun, choisissez la zone non fumeurs, positivez vos trajets en lisant, en dormant, en pensant à des choses agréables.

Si vous allez à votre travail en voiture, prévoyez toujours de rencontrer des embouteillages, donc accordez-vous une marge de temps supplémentaire. Détendez-vous au volant en écoutant de la musique. Profitez du paysage. Faites tout pour prendre du plaisir en conduisant.

Dans leur ouvrage *Changer sa vie* (Editions France-Empire), Jean-Claude Macquet et Martine Orlewski, tous deux spécialistes de Relaxation Dynamique et de sophrologie, montrent les bienfaits de la pensée positive au travers une expérience que vous avez certainement déjà vécue : « 7 heures. Le réveil n'a pas sonné. Vous vous réveillez trop tard pour être à l'heure à votre bureau et accueillir votre premier visiteur. Que faites-vous et quelles sont vos pensées ? »

Des deux attitudes suivantes laquelle avez-vous eue ? :

La première est négative : vous vous habillez précipitamment. Vous ne prenez pas de petit déjeuner. Vous dites des mots malheureux à votre conjoint et à vos enfants. Vous vous énervez pendant le trajet, au risque d'avoir un accident et vous pensez « la journée est foutue ». Vous arrivez au bureau de très mauvaise humeur.

La deuxième attitude est, elle, positive : vous téléphonez au bureau pour prévenir de votre retard et faire patienter votre visiteur. Vous déjeunez sans précipitation. Vous pensez que votre retard n'est pas catastrophique et que vous arriverez à rattraper ce contretemps dans la journée. Vous arrivez sur votre lieu de travail détendu et disponible.

Sans être pour autant un épicurien à tous crins, chaque homme recherche son plaisir ou, tout au moins, fuit le déplaisir.

C'est pourquoi l'un des principes à observer pour développer sa pensée positive est de planifier chaque jour au moins une chose qui vous fasse très plaisir, que vous ferez vraiment sans contrainte, qui réponde à vos véritables objectifs de vie. Ce peut être de faire du sport, de rencontrer des amis, d'écrire un roman autobiographique, de jouer avec vos enfants au train électrique, que sais-je encore ?

Dans le même esprit, à la fin de chaque journée, il est bon d'en faire le bilan : faites deux colonnes, une positive et une négative.

Mettez dans la première tout ce qui vous est arrivé de bon dans la journée et dans la seconde ce que vous jugez de prime abord plutôt négatif.

Si votre bilan est négatif, réfléchissez bien à ce que vous avez peut-être oublié de positif et relativisez les points négatifs en essayant d'en tirer parti.

2. *La gestion du stress.*

Un préjugé fort répandu dans nos sociétés occidentales est qu'un homme d'affaires débordé et pressé est forcément dynamique, compétent et performant.

Cette tautologie actuelle est tout aussi erronée que celle qui faisait jadis d'un homme gros un homme arrivé. En fait, un dirigeant pressé est souvent, pour ne pas dire toujours, stressé.

Or, le stress ne rend pas les gens plus performants, il les pousse à vouloir faire trop de choses en même temps, à les faire dans un climat menaçant et culpabilisant, à s'énerver contre leur entourage et contre eux-mêmes et, surtout, les empêche de goûter aux joies de la vie, condition essentielle pour conserver une attitude positive.

Il est du stress comme de toute maladie, il est préférable de le prévenir.

Ainsi, Gilbert Rozès et le docteur Ruth Méchali ont-ils isolé dix habitudes pour l'éviter (in *Gérez votre stress,* Chotard).

Mais, en fait, il est symptômatique qu'on puisse les classer en deux catégories :

A. — *Une bonne gestion de son temps :*

— « Reposez-vous aussi souvent que possible. »

Nos deux auteurs conseillent de dormir ou de se relaxer ne serait-ce que dix minutes dans la journée. D'autres préconisent une pause de dix minutes toutes les heures. En fait, à chacun d'entre nous de connaître son cycle d'efficacité et de planifier ses moments de détente.

— « Prévoyez toujours des marges de sécurité dans votre planning. »

— « Ne cherchez pas à en faire trop. »

— « Prévoyez du temps pour vous. »

— « Sachez dire non. »

B. — *Une pensée positive :*

— « Savourez vos réussites. »

— « Plaisez-vous » : « tous les jours, vous avez rendez-vous avec une personne très importante : vous-même. Habillez-vous en conséquence. »

— « Positivez vos échecs. »
— « Fuyez les personnes pessimistes. »
— « Ayez pour objectif la réussite, pas la performance. »

En conclusion de tout ce que nous venons de voir, il ressort que les variables d'action de l'efficacité personnelle que sont la gestion du temps, la gestion de la pensée, la gestion du corps, la gestion du stress sont interdépendantes.

LE MIX DE L'EFFICACITÉ PERSONNELLE

— LA GESTION DU TEMPS
— LA GESTION DE LA PENSÉE
— LA GESTION DU STRESS
— LA GESTION DU CORPS

Nous venons d'étudier les moyens de prévenir le stress. Il est des cas où ils ne suffisent pas tant le stress du dirigeant est fort. Des moyens plus radicaux doivent être utilisés.

Ils relèvent curieusement eux aussi de la gestion du temps, de la gestion du corps et de la gestion de la pensée.

QUELQUES MOYENS DE LUTTER CONTRE LE STRESS

1. *La gestion du temps :*

— prendre du recul, du repos, des vacances
— diminuer le rythme de travail
— déléguer

2. *La gestion du corps :*

— dormir
— manger « vitaminé »
— faire des exercices physiques
— diminuer ou supprimer les épices, le tabac, le café, l'alcool, les repas gargantuesques

3. *La gestion de la pensée :*

— utiliser des techniques de relaxation

---

3. *La relaxation.*

Les techniques de relaxation sont de plus en plus fréquemment utilisées par les manageurs.

Elles ont montré leur efficacité pour lutter contre le stress.

Mais au-delà d'une plus grande maîtrise de soi et d'une plus grande confiance en soi, elles stimulent l'intuition et la créativité si nécessaires au dirigeant.

Il n'est pas dans mon intention de toutes les présenter.

Un ouvrage à lui seul ne suffirait pas. Toutefois, il est bon d'en connaître plusieurs sachant que selon la technique chaque individu est plus ou moins réceptif.

Aussi, conseillerai-je, comme je le fis moi-même, de chercher en les testant celle qui vous convient le mieux.

Leur but commun est de provoquer une détente psychocorporelle.

Les méthodes les plus anciennes nous viennent de l'Orient avec le yoga et la méditation.

Le yoga, les yogas, devrait-on dire, dont le premier exposé ou Yoga-Sutra date du IIIe ou IVe siècle de notre ère, reposent sur l'idée que le principe fondamental de la vie est le souffle.

En le contrôlant, il est possible d'agir sur soi.

En Occident, la forme du yoga la plus répandue, car la plus accessible, bien qu'exigeante, est le hatha-yoga.

Il propose une série d'exercices basés sur le maintien de postures, les asanas, et la régulation du souffle respiratoire.

En observant ses adeptes, on a montré que les postures d'extension provoquent l'euphorie, la confiance en soi, l'enthousiasme tandis que les postures de flexion génèrent le calme et les positions assises la vigilance.

La méditation est moins pratiquée que le yoga.

Cette concentration de l'esprit sur une idée, sur un sujet généralement philosophique ou religieux, peut prendre différentes formes dont deux d'entre elles connaissent un certain succès auprès des dirigeants occidentaux : la méditation transcendantale pour les plus naïfs, le zen pour les plus sévères avec eux-mêmes.

Le zen est une doctrine philosophique et morale bouddhiste pratiquée par plusieurs millions de Japonais qui vise par la concentration de la pensée, le respect de règles de simplicité, d'austérité et de patience, à l'épanouissement de la personne par la connaissance de soi.

Sa rigueur et l'ascétisme qui le caractérisent décourageront plus d'un manageur.

Pour ma part, je reconnais volontiers avoir recherché des techniques de relaxation plus rapides et moins contraignantes que le yoga et la méditation.

Les méthodes « occidentales » de relaxation sont apparues à la suite des premières recherches scientifiques sur l'hypnose et l'autohypnose qui eurent lieu dès le milieu du XIXe siècle.

Elles reposent principalement sur l'autoconcentration.

Parmi elles, la méthode la plus connue, car la plus ancienne et la plus employée, est le training autogène.

a) *Le training autogène.*

Il a été mis au point par J.H. Schultz (*Le training autogène,* Presses Universitaires de France), en Allemagne, en 1912 et vise à obtenir chez un individu une décontraction musculaire et viscérale qui entraîne un relâchement psychologique, une sensation euphorique bienfaisante et apaisante.

J.H. Schultz prévoyait deux cycles d'apprentissage. Le deuxième à objectif purement psychothérapeutique ne nous intéresse pas vraiment. Quant au premier, il comprend six exercices qui se concentrent successivement sur les muscles, le système vasculaire cutané des membres, le cœur, la respiration, les organes abdominaux et enfin la tête.

Chaque exercice nécessite quinze jours d'entraînement au rythme de trois fois par jour.

Pour arriver au cycle complet, c'est-à-dire au sixième exercice, il faut compter environ trois mois.

Le cycle complet dure environ une demi-heure.

APPLICATION DU CYCLE DE TRAINING AUTOGÈNE

Conditions matérielles :

S'installer dans une pièce tranquille, en demi-obscurité.

Attitude corporelle :

Au choix :

— en position assise, dans une attitude de « cocher de fiacre »,
— dans un fauteuil confortable,
— couché.

Premier exercice : la sensation de pesanteur :

— fermez les yeux,
— répétez la formule : « je suis tout à fait calme »,
— choisissez une image mentale paisible : le bord de mer, le désert, etc.
— passez à la deuxième formule : « Mon bras droit (pour les droitiers, gauche pour les gauchers) est lourd »,
— progressivement, au fil des séances, généralisez le sentiment de pesanteur aux autres membres puis à tout le corps.

Deuxième exercice : la sensation de chaleur :

— commencez par le premier exercice, puis :
— répétez la formule : « Mon bras droit (pour les droitiers) est tout chaud »,
— progressivement, généralisez à tout le corps la sensation de chaleur.

Troisième exercice : la régulation cardiaque :

— commencez par le deuxième exercice, puis :
— répétez la formule : « Mon cœur bat calme et fort. »

Quatrième exercice : la respiration :

— commencez par le troisième exercice, puis :
— pensez plusieurs fois : « Je respire calmement, je respire profondément. »

Cinquième exercice : la sensation de chaleur au plexus solaire :

— commencez par le quatrième exercice, puis :
— répétez : « Mon plexus solaire est tout chaud. »

Sixième exercice : la sensation de tête froide :

— commencez par le cinquième exercice, puis :
— ajoutez : « Mon front est agréablement frais. »

En fin d'exercice : la remontée en surface :

— faites plusieurs flexions et extensions énergiques du bras, étirez-vous comme les chats,
— inspirez et expirez profondément,
— ouvrez les yeux.

Le training autogène a donné naissance à d'autres techniques de relaxation telles que la relaxation à induction multiple de M. Sapir, la méthode de rééducation psychotonique de J. de Ajuriaguerra ou même celle du tonus musculaire de l'Américain Eugène Jacobson.

Plus difficiles à mettre en œuvre et non sans risque, elles exigent la présence d'un psychothérapeute, ce qui n'est pas nécessairement le cas du training autogène.

Il existe encore d'autres techniques sur lesquelles nous ne pouvons qu'attirer l'attention telles que le taï-chi-chuan et ses versions modernes et occidentalisées que sont les méthodes de gymnastique douce (notamment la méthode de Moshe Feldenkrais, l'eutonie de Gerda Alexander, la méthode de Françoise Mézières).

b) *Les techniques de relaxation d'usage facile.*

Les dirigeants stressés ou désireux de se relaxer sont souvent déçus par les techniques que nous venons de présenter qu'ils jugent trop longues ou trop fastidieuses à utiliser.

Avant même d'en tirer quelques bénéfices, nombre de ceux qui ont commencé leur apprentissage se découragent et abandonnent.

Certains replongent dans leurs habitudes et/ou dans le cycle infernal stress/alcool/stress/médicaments.

A la recherche de résultats rapides, mais peut-être moins durables qu'avec les autres techniques ci-dessus évoquées, ils ont, pourtant, la possibilité de recourir à la musicothérapie.

De nombreuses recherches ont montré, en effet, que la musique avait une influence sur la détente et la relaxation dont le degré dépendait, bien entendu, du style de musique, de la mélodie, du tempo, de la tonalité, etc.

Ainsi, depuis une cinquantaine d'années, la musicothérapie est-elle utilisée non seulement comme méthode de détente, mais aussi comme élément inducteur ou favorisant dans le cadre d'une technique de relaxation classique, voire comme méthode analgésique en chirurgie dentaire et en obstétrique.

Elle est également employée dans le cadre de la suggestopédie qui rappelons-le permet, entre autres, en stimulant la mémorisation d'acquérir et d'utiliser les bases d'une langue étrangère en cinq semaines.

La musicothérapie, naguère réservée aux thérapeutes, est devenue un produit de grande consommation avec l'apparition de disques et de cassettes de musique dite de méditation ou de « new age ».

Fait de société : dans le catalogue de la société de vente par correspondance France-Loisirs, pas moins de quatre titres de musique pour la relaxation, la méditation et la concentration sont proposés pour moins de 50 francs.

Dans ce même catalogue, est également proposée à un prix dérisoire une musique à impressions subliminales.

Le concept de perception subliminale désigne la faculté qu'ont les êtres humains de répondre à des messages sonores ou visuels d'intensité très faible voire imperceptible au niveau conscient.

La perception subliminale « visuelle » fut la première à se retrouver sur la place publique et à être accusée de manipuler l'inconscient à des fins commerciales.

En 1957, une agence de publicité américaine utilisa un tachitoscope, appareil de projection à vitesses variables, pour projeter à l'insu des spectateurs les messages « Mangez du Pop-Corn » et « Buvez du Coca-Cola ».

A la suite de quoi, elle prétendit avoir provoqué une très forte augmentation des ventes de ces deux produits.

Depuis, de nombreuses recherches ont été effectuées tant en Amérique du Nord qu'en Europe qui ont conduit notamment à développer des musiques à impressions subliminales.

Le 25 septembre 1978 à 23 h 30, la radio canadienne CIME FM 99,5 diffusait la première émission expérimentale avec impressions subliminales sonores destinées à la détente et au mieux-être.

La musique était adaptée à la relaxation : douce et conservant toujours la même intensité. Les messages subliminaux suggéraient le calme et étaient soit camouflés par la musique, soit enregistrés à petite ou grande vitesse, soit avec des hautes ou des basses fréquences pour que l'oreille ne les capte pas contrairement à l'inconscient.

Depuis, de nombreux tests ont confirmé l'efficacité de la musique subliminale.

Un des protagonistes de cette émission radiophonique, le professeur François Borgeat, directeur du département de psychiatrie de l'Université de Montréal, compara sur un groupe expérimental les effets de quatre méthodes de relaxation : le training autogène, la relaxation progressive de Jacobson, la méthode de Benson et la musique à impressions subliminales.

Il en conclut : « La détente subliminale s'accompagnait significativement de plus d'images mentales et d'émotions. Elle a été considérée plus apte à stimuler l'imagination, à préparer le sommeil et à calmer les émotions. »

Plus important peut-être compte tenu de l'importance que les hommes pressés attachent à la facilité d'emploi : « La détente subliminale est jugée la plus agréable » par les sujets qui, pour un grand nombre d'entre eux, l'utilisaient encore six mois après l'expérience.

De nombreux supports de musique subliminale sont actuellement en vente dans le commerce, dont certains ont été réalisés sous l'autorité et au profit de la Fondation pour la Recherche sur les Impressions Subliminales (Québec, Canada).

Toujours dans le registre des techniques de relaxation à usage facile, nous ne pouvons pas ne pas citer les cassettes dites d'« Auto-Hypnose » qui utilisent en fait des techniques hypnotiques de visualisation dont l'efficacité n'est plus à démontrer.

c) *Quelques techniques rapides.*

Les techniques classiques de relaxation peuvent effrayer les dirigeants par l'entraînement qu'elles imposent.

La détente subliminale et l'hypnose à suggestions enregistrées requièrent, si possible, la position couchée pendant une quinzaine de minutes et provoquent chez certains le sommeil, ce qui peut être gênant, au bureau, ou catastrophique en voiture.

La musicothérapie, quant à elle, nécessite une écoute, même inattentive, d'environ une demi-heure ce qui peut paraître interminable à certains.

C'est pourquoi, des spécialistes du développement personnel ont cherché des méthodes de relaxation ne prenant pas plus de quatre minutes et adaptées à la position assise derrière un bureau.

Ces exercices s'inspirent, comme vous le constaterez, largement des techniques classiques que nous avons présentées.

Pour répondre aux conseils donnés par le Fitness Research

Center de l'Université du Michigan, chacun d'entre nous doit en connaître au moins trois.

Il est vrai que selon l'état dans lequel on se trouve un exercice peut ne pas donner de résultats satisfaisants.

Pour chacun des exercices, votre attitude corporelle de départ est la même : les avant-bras posés sur le bureau, les épaules baissées, le dos contre le dossier de votre fauteuil réglé en conséquence, les deux pieds bien à plat.

Exercice n° 1. — Le bâillement :

— fermez les yeux,
— inspirez lentement, en sentant l'air remplir vos poumons,
— expirez lentement, en sentant l'air sortir de vos narines,
— répétez plusieurs fois les inspirations et les expirations,
— préparez-vous à bâiller en remuant la mâchoire du bas et en gonflant vos narines,
— sentez le bâillement venir de votre gorge,
— amplifiez-le,
— il déclenchera une série de bâillements qui vous relaxeront.

Exercice n° 2. — La grimace :

— fermez les yeux,
— détendez-vous en inspirant et expirant profondément plusieurs fois,
— contractez les muscles de la bouche et du cou en tirant les lèvres vers les oreilles, comme pour faire une grimace horrible. Comptez jusqu'à cinq, respiration bloquée,
— décontractez-vous, respirez profondément plusieurs fois,
— recontractez-vous en faisant la grimace. Ne respirez plus. Comptez jusqu'à cinq,
— faites quinze fois la grimace,
— appréciez les sensations au niveau de la peau et des muscles,
— souriez doucement plusieurs fois.

Exercice n° 3. — L'étirement :

— tout en étant assis, étirez vos bras vers le haut, mains jointes et tournées vers le ciel, inspirez et comptez jusqu'à cinq, respiration bloquée,

— relâchez et expirez,

— respirez lentement et profondément plusieurs fois,

— en inspirant, mettez vos mains derrière la tête, faites toucher vos omoplates. Comptez jusqu'à cinq, respiration bloquée,

— relâchez et respirez plusieurs fois,

— tout en restant assis, inspirez et penchez-vous comme pour attraper un crayon sous votre bureau, dos rond, tête baissée, touchez vos pieds bien posés par terre,

— relâchez et respirez profondément,

— tournez très lentement votre tête vers la droite puis vers la gauche, trois fois de suite,

— laissez votre tête descendre vers l'avant puis vers l'arrière, très lentement trois fois de suite,

— effectuez des rotations avec la tête : trois fois de droite à gauche, trois fois de gauche à droite,

— sentez la chaleur de vos muscles et de votre tête.

Comme nous l'avons fait remarquer à plusieurs reprises, les techniques de relaxation ne sont pas uniquement efficaces pour lutter contre le stress.

Elles peuvent être utilisées pour stimuler la motivation, l'intuition, la mémorisation et l'imagination.

Elles sont également un puissant levier de la réussite personnelle.

4. *Les stimulants de la réussite personnelle.*

Le psychologue américain Charles A. Garfield en étudiant la réussite exceptionnelle de plus d'un millier de personnes dans des domaines aussi différents que les affaires, la culture, le sport, etc., a mis en évidence l'existence chez eux de plusieurs caractéristiques communes.

Certaines nous sont déjà familières : ils aiment ce qu'ils font et ont des objectifs personnels ambitieux. Ce sont des passionnés. Ils savent gérer leur stress et leur temps. Ils n'hésitent pas à déléguer.

On retrouve ces caractéristiques à travers les entretiens et les écrits de Vincent Bolloré, Alain-Dominique Perrin, Jacques Séguéla et de bien d'autres.

Plus curieusement, les individus performants prendraient des risques uniquement après avoir accepté le pire qui puisse leur arriver et répéteraient mentalement les événements à venir.

Dale Carnegie, ce célèbre auteur américain d'ouvrages de développement personnel qui forma dans ses cours quantité de dirigeants et de cadres américains et européens, n'a-t-il pas écrit que l'enthousiasme était « le secret méconnu du succès » et parmi les innombrables règles qu'il donna ne figure-t-il pas celle pour faire face aux situations difficiles ? :

« a) Demandez-vous : quel est le pire qui puisse m'arriver ?
b) Préparez-vous à accepter le pire.
c) Essayez de tirer parti du pire. »

Ainsi, la caractéristique des individus performants la plus singulière serait qu'ils visualisent la situation avant de la vivre réellement.

Cette façon de faire, bien que méconnue du grand public, n'est pas nouvelle, loin s'en faut.

Depuis le milieu du XIXe siècle, de nombreuses recherches ont confirmé l'influence des suggestions sur le comportement.

En découlèrent notamment la fameuse méthode d'Emile

Coué, puis plus récemment, les techniques d'imagerie mentale et de visualisation.

Ces dernières sont issues des travaux psychothérapeutiques que le docteur Carl Simonton mena aux Etats-Unis auprès de malades cancéreux.

Carl Simonton démontra, en effet, que l'attente positive et la visualisation, en imagination, d'un événement concourt à la réalisation de cet événement.

Depuis, la visualisation a dépassé le cadre médical pour être utilisée comme une technique de réalisation des désirs et des objectifs, quels qu'ils soient, et cela dans tous les domaines.

Pour vivre une expérience, il faut d'abord la rêver, affirment les spécialistes de la visualisation, mais pour cela, ajoutent-ils, il est nécessaire d'être parfaitement détendu.

C'est pourquoi, la technique de l'imagerie mentale comporte une phase de relaxation au cours de laquelle vous utiliserez la technique de votre choix.

Grâce à elle, vous modifierez votre niveau de conscience ou de vigilance, ce que de nombreux scientifiques ont observé au moyen de l'électro-encéphalographie.

Une fois relaxée, votre visualisation sera d'autant plus efficace que vous respecterez les quatre étapes suivantes :

1. *Fixez-vous un but et un seul à la fois :*

L'obtention d'un crédit auprès de votre banquier, le bon déroulement d'une négociation avec les syndicats, le lancement de votre nouveau produit, etc.

2. *Créez une image ou une idée claire de la situation souhaitée :*

Pensez-y comme si elle existait déjà. Imaginez-vous en train de la vivre. Essayez d'imaginer le maximum de détails physiques et/ou perceptuels de cette situation tant espérée.

Entendez-vous parler, répondre aux objections.

Décrivez les moyens que vous utilisez, les personnes qui vous aident dans votre projet, etc.

Visualisez-vous en train de réussir, etc.

Faites-vous des déclarations positives et encourageantes telles que « ça y est, c'est fait », « c'est pour bientôt ! ».

3. *Concentrez-vous souvent sur votre but :*

Visualisez votre situation souhaitée deux ou trois fois au cours de la journée, à chaque fois que vous pensez à l'événement et, bien sûr, quelques minutes avant ce dernier.

L'auto-suggestion n'est pas un exercice de volonté, concentrez-vous sur votre image sans effort et avec calme.

4. *Continuez cette pratique jusqu'à ce que vous réussissiez... ou que votre désir vous ait quitté.*

D'aucuns penseront que cette technique ressemble à s'y tromper aux applications de la relaxation dynamique et de la sophrologie et évoqueront l'utilisation de celles-ci dans le sport et plus précisément les résultats spectaculaires obtenus par l'équipe nationale de ski suisse entraînée « sophroniquement » par le docteur Raymond Abrezol (*Sophrologie et Sports,* Edition Chiron et *Sophrologie et Evolution,* Edition Chiron).

Ils auront, bien entendu, raison.

Science médicale à part entière, la sophrologie dont les fondements furent jetés dans les années soixante par le docteur Caycedo, étudie toutes les modifications de la conscience humaine à partir de techniques telles que la relaxation, le zen, le yoga.

La méthode sophronique ou sophronisation permet à un individu d'atteindre un niveau de conscience dit sophro-liminal qui se situe entre veille et sommeil, et qui correspond à un état de relaxation profonde, de déconnexion comparable au pré-assouplissement dans lequel la vigilance reste toujours en alerte mais oscille entre l'attention flottante et la rêverie.

L'individu sophronisé perd toute angoisse, tout stress.

Il lui est plus facile de se concentrer sur un sujet et de le visualiser.

La sophrologie, comme l'hypnotisme, est donc parfaitement adaptée à la visualisation.

Mais, en outre, un individu en état de relaxation, d'hypnose ou sophro-liminal est, semble-t-il, plus réceptif aux exercices de stimulation de l'hémisphère droit du cerveau, siège, selon le professeur Roger W. Sperry, Prix Nobel de médecine en 1981, de l'imagerie mentale, de la reconnaissance, de la synthèse, de l'intuition, de l'analogie.

De là, il n'y a qu'un pas à franchir pour conclure que les techniques sophroniques ou hypnotiques favorisent également la créativité des individus isolés ou en groupe.

C'est pourquoi toutes les techniques de gestion du Moi que nous venons de présenter doivent être connues et utilisées par les dirigeants, pour eux-mêmes, mais aussi pour les aider dans leurs relations avec leurs collaborateurs.

6

SAVOIR MOBILISER LES AUTRES

Sans faire d'analogies excessives avec les grands chefs politiques et militaires, il est incontestable que l'une des principales qualités que doit posséder un manageur est l'aptitude à mobiliser les hommes.

Pour obtenir des autres les résultats qu'il poursuit, il adoptera un certain style de commandement. Il motivera son personnel et communiquera avec lui. Il gérera les contradictions entre ses intérêts et ceux de ses collaborateurs sans oublier ceux des actionnaires et/ou de leurs représentants.

Certains dirigeants le font mieux que d'autres, ils ont l'art d'influencer les gens pour les amener à partager leurs objectifs et à les faire contribuer à leur réalisation.

Cette différence qui existe entre le chef et le supérieur ou entre le manageur-gestionnaire et le manageur-leader est appelé le « leader-ship ».

1. *Le leadership.*

Ce concept anglais est difficile à traduire en français. Le traduire par « pouvoir » ne montre pas l'acceptation volontaire mais plutôt la contrainte.

Le mot « autorité » évoque trop le « droit » de commander ou d'imposer l'obéissance pour convenir parfaitement.

Le leadership va plus loin, c'est à la fois une autorité reconnue et acceptée, une autorité morale naturelle venant d'un pouvoir que possède le manageur, pouvoir qui a pour origine le charisme, l'ascendant personnel du manageur, ou son habileté, son expérience, ou encore sa possibilité de récompenser ou de punir ses subordonnés, etc.

Cette faculté qu'est le leadership a longtemps été considérée comme une qualité innée.

L'idée selon laquelle on naît dominant ou dominé n'est pas nouvelle. Elle est confortée par la tendance humaine à créer des mythes.

Combien de Français crurent jusqu'en 1981 que François Mitterrand était de la race des vaincus ? Ceux-là même qui le pensaient affirment aujourd'hui d'une manière tout aussi péremptoire que tout depuis sa naissance laissait présager qu'il ferait partie des grands de l'histoire de France...

Il n'en demeure pas moins vrai que des recherches entreprises sur les traits de caractère des « chefs » ont montré quelques similitudes.

Anecdotique mais aussi très révélateur, le fait que la plupart des premières recherches sur le leadership furent financées sur des budgets militaires.

Déjà, en 1935, dans son ouvrage intitulé *The Art of Leadership,* Ordway Tead, concluait que les grands leaders possédaient certains traits caractéristiques.

Parmi les plus importants, je citerai :

— une grande énergie physique et nerveuse leur permettant d'abattre un travail considérable et hors du commun,

— une forte détermination pour notamment se fixer des buts et les faire partager à autrui,

— un enthousiasme à toute épreuve qui permet de surmonter les difficultés avec sang-froid et qui donne confiance aux suiveurs,

— une grande générosité, une chaleur humaine les faisant plus aimés par leurs subordonnés que craints,

— une intégrité totale.

Le leadership est donc, personne ne le conteste vraiment, lié à la personnalité du dirigeant.

Cette conclusion quelque peu décevante pour ceux qui n'aurait pas le profil doit être toutefois significativement nuancée.

La personnalité n'est pas le seul facteur déterminant de l'efficacité du leadership.

Le sont tout autant, comme nous le verrons en détail, le style de management adopté par le dirigeant et la situation dans laquelle il doit assumer son rôle de leader.

En outre, aucune étude scientifique n'a pu mettre en évidence un profil idéal du leader.

En 1948, Ralph Stogdill, dans un article célèbre du *Journal of Applied Psychology* (« Personal factors associated with leadership »), concluait d'une part en l'inexistence d'un profil-type du chef, d'autre part au fait que le leadership est la résultante « d'interactions de variables qui fluctuent et évoluent constamment ».

Il admit toutefois que certaines caractéristiques se retrouvent souvent chez les leaders et notamment :

— L'intelligence et la scolarité : en général, les « chefs » sont plus intelligents, réussissent mieux leurs études universitaires, jugent et décident mieux et plus rapidement que leurs subordonnés.

— La personnalité : la confiance en soi, l'honnêteté, l'intégrité, la créativité, et l'esprit d'initiative se retrouvent souvent chez les chefs.

— Le besoin d'assumer des responsabilités : les chefs, pour la majeure partie d'entre eux, aiment fixer des objectifs, à eux-mêmes et aux autres et se distinguent par leur persévérance.

— L'intégration à la société : les chefs sont plutôt sociables et extravertis. Les activités sociales, associatives, de toutes sortes, ne les rebutent pas. Au contraire, ils les recherchent par goût avant de les pratiquer dans le cadre de leurs relations avec l'environnement.

Une étude américaine réalisée dans les années soixante-dix auprès de 300 dirigeants de sociétés a permis de préciser les conclusions précédentes en classant par ordre d'importance les facteurs de capacité au commandement :

1. Les attributs très importants :

— l'esprit de décision,
— les capacités intellectuelles,
— une logique et une persévérance dans l'accomplissement du travail,
— un besoin de réalisation de soi,
— la confiance en soi,
— une capacité de direction, d'animation d'une équipe.

2. Les attributs assez importants :

— une affinité avec la classe ouvrière,
— l'énergie et l'esprit d'initiative,
— le besoin d'argent,
— le besoin d'une sécurité d'emploi,
— la maturité personnelle.

Bien qu'intéressante, la description des traits de caractère des dirigeants est quelque peu décevante.

Les caractéristiques vraiment discriminantes sont peu nombreuses et, par ailleurs, conduisent à penser avec une logique brutale qu'on est ou qu'on n'est pas fait pour être chef.

Or, selon les circonstances, l'environnement, la situation, un homme peut se révéler être un leader alors qu'il n'était jusqu'alors qu'un être effacé et sans envergure.

Certaines grandes figures de la Résistance française qui,

une fois le nazisme vaincu, retournèrent à leurs souvent banales occupations en sont de parfaits exemples.

Par ailleurs, il est faux de croire qu'il n'est pas possible d'améliorer son ascendant personnel.

2. *Comment développer son leadership ?*

Dans ce domaine comme dans bien d'autres, la première condition pour accroître son leadership est d'étudier ses potentialités car, à vrai dire, les traits « caractéristiques » du leader sont si divers que la plupart d'entre nous en possèdent plus ou moins.

Comparez et estimez la part de votre expérience, de votre statut, de votre ascendant personnel dans le pouvoir que vous avez sur vos collaborateurs.

Sachez que nos contemporains sont plus influencés par la forme que par le fond.

Des études ont, en effet, montré que 60 % des individus se font une opinion d'après l'apparence, 25 % observent le comportement gestuel et 15 % seulement s'attachent au message lui-même.

Cela explique que de plus en plus de dirigeants font du sport, surveillent leur ligne, se font « relooker » par des conseils en marketing, suivent des sessions de formation à la communication audiovisuelle et, comme la plupart des hommes politiques, commencent à faire appel à des nègres pour rédiger leurs discours.

Dans le milieu des affaires, une règle d'or doit être respectée. Elle concerne étrangement l'habillement et conseille de l'adapter aux situations.

Je m'en suis aperçu très tôt dans ma jeunesse quand pour jouer dans la cour des grands il me fallait porter un pantalon.

Depuis, comme au tennis, la tenue obligatoire a évolué mais elle doit toujours rester de bon ton.

Votre façon de vous vêtir, à partir d'un certain style de base que vous aurez choisi, évoluera selon les circonstances.

Les accessoires de mode tels que les cravates, les pochettes, les épinglettes (pin's), etc. facilitent l'adaptation, et varieront selon que vous aurez rendez-vous avec votre banquier ou votre équipe de vente.

Si vous ne souhaitez pas être conseillé par un spécialiste du maintien, cherchez parmi les dirigeants que vous connaissez celui ou ceux à qui vous aimeriez ressembler physiquement et/ou intellectuellement, examinez-le(s), c'est le moment de le dire, sur toutes les coutures.

Vous prendrez vite conscience de l'importance d'une coupe de cheveux, d'une paire de lunettes, etc. dans l'image que l'on se fait de l'homme, de son dynamisme, de sa compétence, etc.

Par comparaison avec d'autres patrons, vous vous apercevrez qu'il existe des éléments prégnants dans le vêtement du leader. Adoptez-les sinon vous risquez de ne pas être reconnu comme tel.

Ne cherchez pas, cependant, à copier à l'identique votre modèle. Pour garder votre spontanéité et votre naturel, optez pour un habillement, une coiffure qui vous mettent en valeur à vos propres yeux, avec lesquels vous vous sentez à l'aise.

Rappelez-vous que votre apparence n'influence pas seulement les autres. Elle modifie votre comportement, votre confiance en vous.

Habillez-vous triste et vous ne tarderez pas de tomber dans la sinistrose.

Je connais un dirigeant, dont je tairai le nom par discrétion, qui ne peut s'exprimer en public sans avoir le trac que s'il porte un costume de grand couturier.

Enfin, sachez que vos collaborateurs auront tendance à vous prendre pour modèle et donc que votre style deviendra rapidement celui de votre personnel...

Au-delà de la tenue vestimentaire, il existe d'autres atouts physiques à mettre en valeur.

Il serait, toutefois, stupide de forcer la nature outre mesure : vous êtes comme vous êtes, petit vous ne serez jamais grand, etc.

Eventuellement, faites corriger par la chirurgie esthétique un trait physique dont vous souffrez, vous vous sentirez mieux dans votre peau, vous aurez plus confiance en vous donc vous augmenterez votre ascendant personnel.

L'essentiel est de bien être dans sa tête et de bien assumer son corps.

Sachez, toutefois, avant de subir une quelconque opération chirurgicale que les hommes aiment que leur chef soit différent des autres.

Ni Napoléon, ni Charles de Gaulle ne respectait les canons de la beauté française, Hitler était loin de son modèle aryen.

Cherchez donc au moins un trait physique qui vous différencie des autres et mettez-le en relief.

Cette caractéristique physique discriminante peut être votre taille, votre chevelure, votre couleur de peau, votre accent, votre sourire, votre carrure, vos yeux, etc.

Il est un autre élément qu'il faut travailler pour accroître son autorité, c'est l'expression orale.

Votre voix est-elle bien posée ?, n'est-elle pas trop monocorde ?, est-elle agréable et vibrante ?

Parlez-vous en public avec plaisir ? Etes-vous paralysé par le trac ?

Cherchez-vous vos mots ou votre discours est-il fluide ?

Avez-vous des tics oraux tels que « euh », « comment dirais-je ? » « n'est-ce pas », etc.

Savez-vous adapter votre façon de parler selon les auditoires ?

Vous aidez-vous de gestes pour appuyer vos dires ?

Pouvez-vous improviser un discours sans bredouiller ?

Dans ce domaine aussi, les hommes politiques ont devancé les hommes d'affaires.

Ils ont compris avant eux l'utilité de travailler leur voix, de suivre des cours de communication orale, d'apprendre à parler devant une caméra de télévision, etc.

Alors que pour convaincre, pour susciter l'enthousiasme, pour canaliser les énergies de ses collaborateurs, pour leur faire partager sa vision, pour qu'ils le suivent les yeux fermés dans ses projets, dans son destin, un dirigeant doit nécessairement savoir leur parler et les représenter avantageusement devant les divers publics externes de l'entreprise.

Le développement du leadership passe également par une bonne gestion de son Moi à laquelle nous avons consacré tout un chapitre.

L'attitude et la pensée positives, la créativité, la confiance en soi, la vision stratégique confortée par la technique de la visualisation, l'intuition n'ont pas des effets bénéfiques que sur celui qui les pratique, leurs conséquences comme leur emploi sont contagieux et se diffusent dans l'ensemble du personnel.

C'est grâce à ce phénomène de diffusion qu'une entreprise a des chances de voir apparaître des leaders à tous ses niveaux hiérarchiques.

Et il en faut pour que l'entreprise soit performante.

On voit ici le rôle quasi-pédagogique du leader que les suiveurs tentent d'imiter.

C'est cet aspect de l'apprentissage du leadership que Peter Kœstenbaum (*Socrate et le business,* InterEditions) a si bien décrit : « Le leadership ne peut s'apprendre que d'une seule façon : par l'expérience personnelle et avec l'aide d'un mentor. Qu'est-ce qu'un mentor ? C'est un modèle qui s'occupe de vous... Tout aspirant leader doit se trouver un mentor et cultiver sa fréquentation ; tout manager ou directeur doit remplir le rôle de mentor pour ses subordonnés. »

Or, ce dernier exige avant tout de savoir choisir son style de management.

3. *Comment choisir un style de management ?*

Un style de management est un mode de comportement adopté à l'égard des autres et, principalement, de ses subordonnés.

Il dépend de la personnalité du dirigeant et de la situation dans laquelle il se trouve.

Je ne présenterai pas les différentes typologies de styles de management tant elles sont nombreuses depuis celle de Kurt Lewin, R. Lippitt et R.K. White (1939) ou celle de Rensis Likert (1961) à celle de Robert R. Blake et Jane S. Mouton (1964).

Tandis que jusque dans les années soixante-dix, on défendait la thèse selon laquelle un style de management — pour les uns « démocratique », pour d'autres « chef d'équipe », pour d'autres encore « participatif » — était plus efficace que les autres quelle que soit la situation de l'organisation, il est admis aujourd'hui qu'aucun style n'est meilleur que les autres et donc qu'un leader est avant tout celui qui sait choisir le style de management le plus efficace selon les circonstances.

Comme il existe presque autant de méthodes que de typologies de styles de management, plutôt que de décrire tour à tour les avantages et les inconvénients de chacune d'elles, il m'a semblé préférable de présenter celle que j'utilise.

A l'instar des nombreux dirigeants américains qui ont suivi le programme de formation de Paul Hersey et Kenneth Blanchard, je pense que le style de commandement doit s'adapter au « niveau de maturité ou de développement » du subordonné partant du principe que « rien n'est plus injuste qu'un même traitement pour tous ».

Le niveau de maturité du subordonné dépend, d'une part de son engagement personnel, de ses motivations et de la confiance qu'il a en lui, d'autre part de sa compétence, c'est-à-dire de ses connaissances et de son expérience en rapport avec le travail à accomplir.

Il est possible, à partir de ces deux variables, de distinguer quatre niveaux de maturité :

Faible compétence	Compétence modérée	Forte compétence	Forte compétence
+ Fort engagement	+ Faible engagement	+ Engagement variable	+ Fort engagement
= Maturité 1	= Maturité 2	= Maturité 3	= Maturité 4

Dès lors que le dirigeant a estimé le niveau de développement de son subordonné, il adoptera le style de management le mieux adapté à la situation.

MATURITE :	1	2	3	4
STYLE :	DIRIGER	ENTRAINER	EPAULER	DELEGUER

Le style 1 « Diriger » consiste à donner des instructions précises au subordonné et à surveiller de près l'exécution des tâches. Il convient aux personnes qui manquent de compétence mais veulent progresser.

Ce style leur permet de s'initier rapidement donc d'améliorer leur performance et, par voie de conséquence, leur niveau de maturité.

Le style 2 « Entraîner » est proche du style 1 : le manageur continue à diriger et à contrôler l'exécution des tâches mais il pousse son subordonné à comprendre les décisions. Il les lui explique, l'encourage, le félicite dès qu'une amélioration apparaît, sollicite ses suggestions et le fait participer, autant que faire se peut, à la prise de décision.

Ce style est particulièrement adapté aux subordonnés ayant une certaine compétence mais dont l'engagement personnel est faible, soit parce qu'ils manquent de confiance en eux, soit que leurs motivations sont insuffisantes.

Le style 3 « Epauler » est moins directif que le style « Entraîner » mais tout aussi encourageant. Le dirigeant ne donne pas d'instructions précises à ses subordonnés pour accomplir une tâche.

Tel Socrate, il les aide à trouver leurs propres solutions en leur posant des questions. Il les assiste lors de la prise de décision.

Ce style convient aux subordonnés compétents mais qui manquent encore d'assurance ou qui sont insuffisamment motivés pour se risquer à prendre seul la responsabilité des décisions.

Enfin, le style 4 « Déléguer » consiste à confier entièrement la résolution des problèmes et la prise de décision à ses collaborateurs. Il est parfaitement adapté quand les subordonnés sont à la fois compétents, dans la tâche en question, et motivés.

Ils n'ont besoin ni d'être dirigés, ni d'être encouragés pour accomplir avec succès la mission que leur supérieur leur a confiée. Ils sont compétents, vous le savez et eux aussi. Ils s'auto-gratifient.

Le choix du style de management ne doit pas être fait une fois pour toute. Il dépend du niveau d'aptitude du subordonné.

Or celui-ci varie selon la tâche et les objectifs qu'on lui demande de réaliser.

Avec tel de mes directeurs, qui ne pourra que se reconnaître, j'adopte pour l'instant la délégation (style 4) pour tout ce qui relève de la vente, le style participatif et encourager (style 3 « épauler ») en matière financière et budgétaire, le style encourageant et directif (style 2 « épauler ») dans les domaines de la fabrication et l'autoritarisme (style 1 « diriger ») lorsque je l'invite à dîner...

Dans leur excellent livre intitulé *Le leader et la minute du succès* (InterEditions), Kenneth Blanchard, à l'origine avec Paul Hersey, de la célèbre théorie du cycle de vie et de maturité du leadership (*op. cit.*), Patricia et Drea Zigarmi insistent sur le fait qu'un manageur doit être un leader « adaptatif ».

Ils entendent par là qu'il doit modifier son style de management selon les situations dans l'espoir qu'à terme toute son équipe pourra effectuer toutes les tâches avec un minimum d'instructions et d'encouragements.

Ils proposent, à cet effet, une procédure de choix et d'adaptation de styles de leadership.

Cette procédure commence par la définition d'objectifs, mesurables, accessibles et individuels.

Ces objectifs sont négociés par le subordonné et son supérieur, ce dernier gardant toutefois le dernier mot. En cela, leur démarche respecte les principes de la Direction Participative Par Objectifs, la DPPO...

Puis, le supérieur estime le niveau de qualification de son collaborateur pour chacun des objectifs fixés. De son côté, le subordonné s'auto-évalue.

Ils se concertent et confrontent leur estimation.

En cas de désaccord, c'est l'estimation du subordonné qui l'emporte. S'il se sent capable, qu'il se « défonce » pour remplir les objectifs ! S'il se sous-estime, son supérieur se doit de le rassurer par son attitude.

Une fois le niveau d'aptitude défini, le supérieur adopte le style de management idoine (voir le tableau de correspondance supra).

Lors de la phase de contrôle de la réalisation des objectifs, le supérieur utilisera deux moyens : les félicitations et les critiques.

Les félicitations incitent le subordonné à progresser, à augmenter son potentiel donc permettent au supérieur de changer son style de management.

Contrairement aux félicitations, les critiques ne sont pas un outil de formation.

Elles ne sont là que pour répondre à une baisse de motivation chez les subordonnés dont le niveau de maturité est élevé.

Elles ne doivent être émises qu'après avoir vérifié la part de responsabilité réelle du subordonné et s'il n'existe aucune circonstance atténuante.

PROCÉDURE D'ADOPTION D'UN STYLE DE MANAGEMENT

FIXATION D'OBJECTIFS INDIVIVUELS

D.P.P.O

↓

ESTIMATION DU NIVEAU DE MATURITÉ DU SUBORDONNÉ

↓

CHOIX DU STYLE DE MANAGEMENT

↓

COMPÉTENCE :	**FORTE**	**FORTE**	**MODÉRÉE**	**FAIBLE**
ENGAGEMENT :	**FORT**	**VARIABLE**	**FAIBLE**	**FORT**
=				
MATURITÉ :	**M4**	**M3**	**M2**	**M1**
→				
STYLE :	**DÉLÉGUER**	**ÉPAULER**	**ENTRAINER**	**DIRIGER**

↓

APPLICATION DU STYLE DE MANAGEMENT

↓

CONTROLE DES RÉSULTATS

BONS RÉSULTATS

Félicitez.
Passez du style diriger
au style entraîner,
puis au style épauler,
finalement déléguez.

RÉSULTATS MÉDIOCRES

Critiquez et /ou Rétrogradez
dans la hiérarchie des styles.
Abandonnez temporairement
la délégation pour le
style "épauler", etc.
En désespoir de cause,
changer les objectifs
et les tâches de ce subordonné.

Cette procédure, que mes cadres et agents de maîtrise utilisent maintenant aussi bien que moi, a le mérite d'être simple à mettre en place.

Elle stimule les gens performants et ne laisse pas sur le bas-côté de la route du succès les individus mal formés ou manquant de confiance en eux ou provisoirement en difficulté.

L'un des rôles primordiaux du manageur est, nous l'avons déjà dit à plusieurs reprises, d'être un mentor, un pédagogue.

Un vrai ! c'est-à-dire le contraire de ce que sont de trop nombreux enseignants français qui, plutôt que de féliciter leurs élèves, les diminuent, qui, plutôt que leur donner des sujets d'examen à la hauteur de ce qu'ils ont traité en cours, leur proposent des sujets hors de portée, etc.

Notre management peut donc être qualifié de pédagogique.

Il repose sur le développement du potentiel des individus que l'on a recrutés.

Nous appliquons, en conclusion, le même principe en matière de reprise d'entreprise que dans le domaine du management des hommes, celui du développement des potentialités mal exploitées.

7

SAVOIR DÉLÉGUER

Acte de management plus que conseillé dans certaines circonstances, et notamment lorsque le niveau de maturité des subordonnés est élevé, la délégation n'est pas une panacée comme d'aucuns le laissent à penser.

Certes, en 1968, Arnold S. Tannenbaum montrait, à la suite de nombreuses enquêtes rigoureuses réalisées aux Etats-Unis et en Europe, que dans une entreprise les unités à forte délégation étaient celles qui avaient les meilleures performances et productivités.

Les inconditionnels de la délégation expliquent ce phénomène par ses avantages intrinsèques :

— la délégation permet aux supérieurs de gagner du temps pour se consacrer aux tâches importantes (voir le chapitre savoir gérer son temps).

— elle réduit le niveau de stress (voir le chapitre Savoir gérer son moi),

— elle facilite le management d'un groupe composé d'entreprises et/ou d'unités dispersées géographiquement (voir le chapitre Savoir gérer à distance),

— elle met à profit les connaissances, les savoir-faire, les expériences des subordonnés,

— elle leur donne des chances de progresser, en stimulant leurs initiatives et en les plaçant en situation de défi personnel ;

— elle tend à accroître leur satisfaction au travail et leurs motivations (voir le chapitre Savoir motiver).

Il ne faut pourtant pas perdre de vue que déléguer signifie confier une mission, des responsabilités et du pouvoir à quelqu'un.

Or, plusieurs raisons font que déléguer peut générer des effets pervers.

La première est que tous les subordonnés ne souhaitent pas avoir un surcroît de responsabilités et d'autonomie, par manque de motivation et/ou par peur d'être incompétents.

La seconde vient du fait que pour certains manageurs, déléguer c'est se décharger sur les autres de tâches fastidieuses, tout en leur faisant croire qu'ils leur confient un travail valorisant.

En outre, deux déviations sont fréquentes en matière de délégation : le laisser-faire et le surcontrôle.

Le laisser-faire, également appelé surdélégation, est la plus fréquente des erreurs commises par les manageurs.

Il consiste à se désintéresser de la mission déléguée et à considérer que le subordonné en est le seul responsable.

En fait, une bonne délégation conduit à une double responsabilité. Le délégant continue à être responsable des résultats obtenus, même s'il n'intervient pas auprès du délégataire lors du choix des moyens et de leur mise en place.

Autre déviation : le surcontrôle ou la trop grande assistance du délégant lors de la fixation des objectifs et le choix des moyens par le subordonné, ce qui limite les effets positifs escomptés de l'autonomie et remet en cause une des caractéristiques essentielles de la délégation à savoir l'irréversibilité, c'est-à-dire l'impossibilité de retirer la responsabilité confiée au subordonné sauf erreurs graves.

Une autre maladresse trop souvent commise par les manageurs consiste à ne pas définir les indicateurs et les périodes de contrôle lors de la délégation.

Les relations supérieur/subordonné seront, dans ce cas, vite empreintes de suspicions néfastes à une collaboration confiante.

Comme je l'ai plusieurs fois souligné, avant de déléguer, il faut diriger, entraîner puis épauler son collaborateur faute de quoi si le délégataire n'a pas la volonté et/ou la capacité de réussir, la délégation serait un échec.

Dans un groupe industriel et commercial, cela induit la nécessité du transfert de savoir-faire du dirigeant vers ses collaborateurs les plus proches, qui eux-mêmes transmettront leur savoir-faire à leurs subordonnés directs et ainsi de suite...

Un risque existe qu'il ne faut pas négliger. C'est celui de l'apparition d'un Etat dans l'Etat, d'un contre-pouvoir qui pourrait tenter un « putsch » contre le dirigeant ou qui pourrait, par un sentiment de « révolte contre le Père », trahir celui-ci.

Ces effets pervers que nous venons de citer ne doivent pas pour autant justifier la centralisation aux dépens de la délégation.

Il y a, en effet, déjà trop de « bonnes raisons » pour que le supérieur ne délègue pas.

La délégation est un acte contre nature.

Dans la symbolique du pouvoir et de l'autorité, elle équivaut à renoncer à sa toute puissance dans ses relations avec les autres.

Certains manageurs ont donc beaucoup de mal à déléguer et tentent de rationaliser leur comportement en invoquant :

— que s'ils délèguent une tâche, elle ne sera pas faite aussi vite, aussi bien que s'ils l'effectuent eux-mêmes,

— qu'ils n'auront plus rien à faire,

— qu'il n'y a personne à qui déléguer,

— qu'ils n'ont pas le temps de former un subordonné, etc.

En fait, ils ont peur. De voir leur collaborateur remplir la tâche en question aussi bien qu'eux, voire mieux qu'eux. Peur d'être remplaçables. Peur d'être obligés de redéfinir leurs propres missions, etc.

FREINS	REPONSES AUX OBJECTIONS
Peur que le travail ne soit pas aussi bien fait.	Ne soyez pas perfectionniste. Il suffit que le travail soit correctement fait. Formez quelqu'un selon vos valeurs.
Il n'y a personne à qui déléguer.	Cherchez bien. Evaluez le niveau de maturité de vos subordonnés. Formez quelqu'un de sous-employé sinon recrutez.
Vous n'avez pas le temps de former quelqu'un.	Il est donc urgent d'être secondé.
Peur de ne plus avoir rien à faire.	Cela permet une redéfinition des tâches à la hausse, du niveau de l'entreprise où commence la délégation jusqu'au sommet de la hiérarchie qui lui ne manquera jamais de travail. Le délégant deviendra donc le bénéficiaire de la délégation de son supérieur et ainsi de suite... dans l'intérêt de l'entreprise tout entière.
Peur d'être égalé ou remplacé.	En vous libérant du temps, vous allez pouvoir vous consacrer à des tâches de réflexion et nécessitant de la créativité.

De cette liste de freins, il apparaît nettement qu'un des grands principes de la délégation est que pour être efficace et tirer le meilleur parti des potentialités de tous, elle doit se pratiquer à chaque niveau hiérarchique de l'organisation.

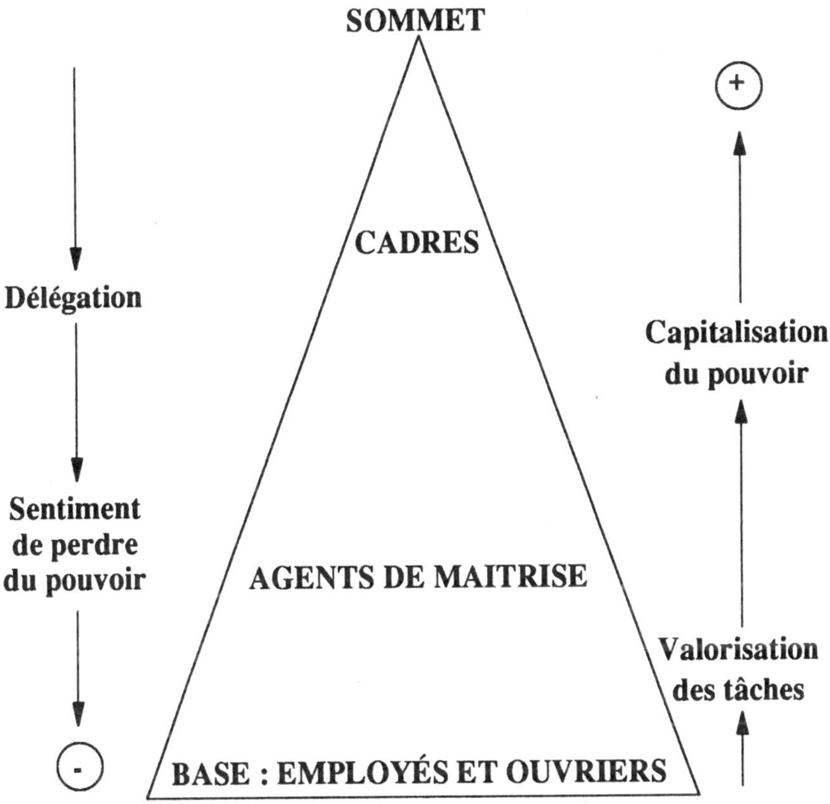

Faute de quoi, leurs peurs liées à la perte de pouvoir s'exacerberont.

N'est-ce pas ce qui se passe dans de nombreuses entreprises françaises où les cadres moyens, les agents de maîtrise et les contremaîtres se sentent de plus en plus court-circuités et privés de réelles responsabilités ?

En revanche, certaines entreprises ont intégré ce phénomène psychosociologique en récompensant les délégants par des promotions.

Elles partent du principe que ceux qui délèguent sont des personnes qui ont fait le tour de leur poste actuel, donc capables d'accéder à de plus hautes responsabilités.

En agissant ainsi, ces entreprises ont créé une dynamique de la délégation tout le long de leur ligne hiérarchique.

Un des signes caractéristiques de l'absence ou du manque de délégation est l'importance des tâches d'exécution effectuées par les dirigeants qui s'accompagnent généralement d'une non-maîtrise de leur temps.

La prise de conscience du gaspillage de leurs compétences techniques et intellectuelles est un préalable qui abaissera leur réticence à déléguer.

Le point de départ d'une procédure de délégation est donc, comme pour la gestion du temps, le diagnostic des tâches réalisées et leur classement selon leurs priorités et le niveau de compétence requis.

Première étape de la procédure de délégation :
Le diagnostic des tâches.

Il repose sur les mêmes principes que ceux de l'organisation de son temps de travail.

Dwight Eisenhower, alors général de l'armée américaine, a mis au point une grille d'analyse des tâches à effectuer dont la simplicité et la rapidité d'emploi n'échapperont à personne.

Elle combine les critères d'urgence et d'importance des tâches et classe donc celles-ci en quatre catégories.

Grille d'Eisenhower

URGENCE	– IMPORTANCE	+ IMPORTANCE
+	Tâches à déléguer	Tâches à faire immédiatement
–	Tâches à abandonner	Fixer un délai et éventuellement déléguer

Etant admis que pour déléguer avec succès, il faut que préexistent deux conditions : que le dirigeant soit disposé à déléguer et qu'il en soit capable, cette grille basée sur l'urgence et l'importance doit être associée à une prise en compte du « pouvoir » et du « vouloir » déléguer.

A cet effet, vous classerez vos activités, tâches et autres responsabilités, etc. dans les quatre catégories suivantes :

— ce qui ne peut être fait que par vous et que vous ne pouvez pas déléguer,

— les tâches que vous pouvez déléguer immédiatement à quelqu'un au niveau de maturité requis,

— les tâches que vous déléguerez dès que vous aurez formé un de vos collaborateurs,

— les tâches qui devraient être déléguées mais que vous n'avez toujours pas trouvé à qui confier.

Cette dernière catégorie pose l'un des obstacles à la délégation les plus fréquemment cités par les dirigeants (voir troisième étape de la procédure).

Deuxième étape de la procédure de délégation : La description de fonctions.

Elle consiste à définir les activités et les tâches à réaliser, les objectifs à atteindre, la marge d'autonomie, les moyens et ressources attachés à la fonction, éventuellement la position hiérarchique du poste, etc.

Cette définition de fonction est, lorsque cela se justifie, complétée par une étude de poste plus ou moins complète abordant notamment les conditions physiques de travail (déplacements fréquents, nuisances, dangers, etc.).

Il est alors possible de recenser les compétences requises pour assumer les tâches ainsi que leurs difficultés, contraintes et autres astreintes. Un tel recensement sera, bien sûr, fort utile lors des entretiens d'appréciation (voir plus loin).

Cette description de fonctions, cette DDF comme l'appellent les spécialistes de l'organisation administrative, est une nécessité avant toute délégation.

Elle facilite le choix du délégataire, que ce soit dans le cadre d'un recrutement extérieur ou dans celui d'un mouvement de personnel ou, plus simplement, dans celui d'une modification des attributions d'un subordonné du délégant.

La DDF est, de plus, une base indispensable à l'élaboration d'un programme de formation à faire suivre au délégataire avant sa prise de fonction.

Troisième étape de la procédure de délégation :
Le choix du délégataire.

Déléguer : oui, vous diront tous les manageurs, mais à qui ?

Cette interrogation peut camoufler un refus d'envisager ce qui est perçu comme une perte de pouvoir.

Dans le cas contraire, l'évaluation du niveau de maturité de chaque délégataire potentiel demeure la meilleure façon de procéder.

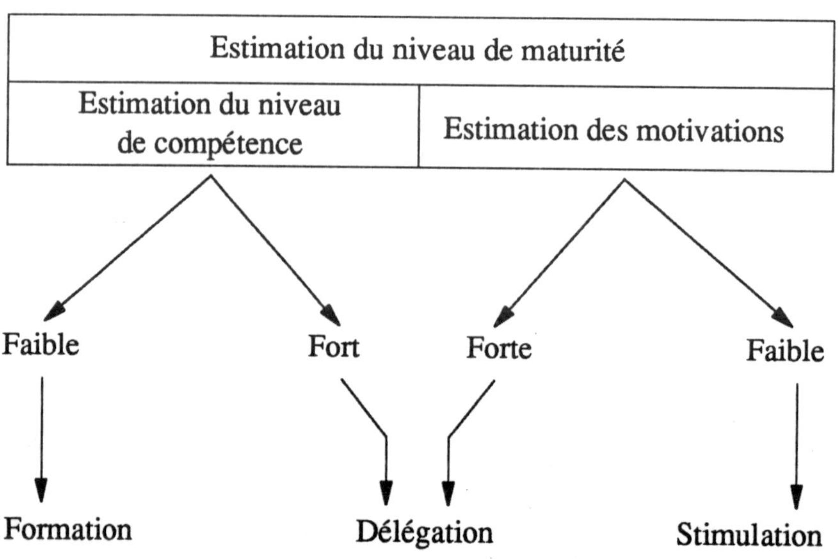

L'erreur à ne pas commettre serait de déléguer à une personne à la formation insuffisante ou qui serait peu encline à s'investir professionnellement ou à se remettre en cause.

Une bonne connaissance de vos subordonnés et un entretien d'appréciation, en face à face, avec chacun de ceux auxquels vous aurez pensé, permettront d'étayer votre choix.

Une autre maladresse consiste à déléguer, à imposer les activités, les objectifs, etc. sans prendre en considération les avis de la personne que vous aurez unilatéralement sélectionnée.

Quatrième étape de la procédure de la délégation : la négociation du pouvoir délégué.

Dans son excellent ouvrage intitulé *Le management et le pouvoir* (Editions d'Organisation), Pierre Morin montre l'importance de la négociation dans le processus de délégation.

Selon lui, les dirigeants délèguent pour obtenir des conséquences organisationnelles plus conformes aux objectifs de management : décisions plus rapides, plus finement adaptées aux problèmes, efficacité accrue d'un niveau hiérarchique, etc.

Or, celles-ci ne s'obtiennent qu'à travers des comportements nouveaux du délégataire qui n'apparaissent que « si, et seulement si, un certain nombre d'enjeux valables à ses yeux l'y incitent ». « Si la délégation ne lui apporte pas un supplément d'avantages globalement plus positifs que la situation antérieure, son comportement s'en ressentira et le projet de délégation échouera en partie ou en totalité. »

Plutôt que d'imposer au délégataire : 1) les contributions que l'on attend de lui en termes notamment de tâches à exécuter ; 2) les relations de pouvoir et dépendance qu'il vivra au quotidien ; 3) les rétributions monétaires ou autres qu'il retirera de la nouvelle situation de travail, Pierre Morin préconise à juste titre une définition négociée de fonction.

Concrètement, dans un premier temps, le délégant présentera son projet de délégation et, sommairement, la fonction telle qu'il l'a définie lors de la deuxième étape de la procédure de délégation.

Puis, le délégataire donnera son avis, ses craintes, ses réserves, son vif ou son faible intérêt.

Les sujets de discussion sont nombreux. Pour ma part, je considère qu'un bon entretien de délégation doit aborder au moins les thèmes suivants :

— la nature de la mission déléguée : tâches, durée, etc.,
— les pouvoirs conférés et leurs limites,
— les objectifs à atteindre,
— les moyens mis à disposition : budget, personnel, équipements, etc.
— les informations dont disposera le délégataire,
— les informations qu'il aura à fournir au délégant,
— les personnes prévenues de la délégation : membres de l'entreprise, clients, fournisseurs, etc.,
— la formation complémentaire que le délégataire recevra,
— l'augmentation de salaire, le changement de statut, immédiats ou à terme, etc.

Comme dans toute négociation, un arrangement sera recherché ; arrangement qui pourra se traduire par un accord signé par les deux parties.

La nécessité de savoir négocier et celle d'animer des réunions de travail expliquent en partie le peu de véritable délégation dans bon nombre d'entreprises (voir le chapitre savoir négocier).

Trop de décideurs d'entreprises ignorent encore, en effet, les principes de base de la négociation et de l'animation de réunion.

La négociation entre délégant et délégataire peut, comme nous l'avons laissé entendre, dépasser la simple définition des tâches à accomplir pour aborder celle des objectifs, du plan d'action et du mode de contrôle.

Aussi, la plupart des spécialistes de la délégation reconnaissent-ils que la direction par objectifs, en tant que méthode de direction, est utile à la procédure de délégation.

Son inventeur, Peter F. Drucker, ne l'a-t-il pas défini comme un principe de direction capable de donner toute liberté à la force et à la responsabilité individuelles, tout en fournissant une orientation commune de vision et d'effort ?

Retenons de ses écrits et de ceux de ses nombreux disciples, que la DPO a pour point de départ la fixation des objectifs généraux de l'entreprise par la Direction.

Laquelle est suivie par la détermination des objectifs partiels tout le long de ligne hiérarchique, puis par la planification, elle-même précédant l'action, le contrôle des résultats, la prise de mesures correctrices et l'appréciation des individus.

La procédure de la DPO et celle de la délégation sont, reconnaissons-le, parfaitement en phase.

Par ailleurs, certains des principes de base de la DPO, notamment ceux qui affirment la nécessité de formuler des objectifs précis, mesurables, réalistes et ambitieux sont également ceux de la délégation.

En ce qui concerne la participation ou non des subordonnés à la définition des objectifs qui leur seront fixés, deux attitudes extrêmes co-existent : l'une, autocratique consiste pour le responsable à les imposer, l'autre à qui certains donnèrent le nom de Direction Participative Par Objectifs, repose sur la négociation des objectifs entre le délégataire et le délégant.

De même qu'il n'existe pas de meilleur style de management, il n'existe pas de meilleure attitude face à la définition des objectifs : cela dépend... cela dépend du niveau de compétence du délégataire, des informations dont il dispose, de son niveau de motivation, de sa personnalité, etc.

Il faut cependant garder à l'esprit que tant que les objectifs seront imposés à un subordonné, celui-ci cherchera d'avantage à se protéger des conséquences de leur non-réalisation qu'à les atteindre vraiment.

Il faussera le contrôle *a posteriori* des résultats et, par voie de conséquence, influencera à la baisse la fixation des futurs objectifs et orientera, dans le mauvais sens, le choix des actions correctives en donnant des explications, des excuses tendant à prouver sa non-responsabilité.

En revanche, le subordonné, quel que soit son rang hiérarchique, qui aura participé à la fixation des objectifs qui lui sont dévolus aura comme un sentiment de défi à relever.

C'est ce que les spécialistes de la délégation appellent la phase d'appropriation de l'objectif.

Phénomène que connaissent bien, pour l'exploiter au mieux, les responsables compétents d'équipe de vente.

Tandis que dans la phase de définition des objectifs, l'implication du délégataire peut être très variable, nulle ou totale, selon les circonstances, et selon les entreprises, elle doit être maximale lors de la définition du plan d'action, c'est-à-dire des moyens humains, financiers, matériels et informationnels nécessaires à la réalisation des objectifs.

Dans le cas contraire, il serait plus juste de parler d'exécution que de délégation.

Comment voudriez-vous que quelqu'un se sente responsable et qu'il s'engage à atteindre des objectifs avec des moyens qu'on lui impose ?

Pierre Jardillier n'a-t-il pas mis en évidence l'incongruité d'une telle pratique et critiqué le fait « qu'un agent de maîtrise qui n'a d'autre rôle que de faire exécuter les décisions des services dits d'assistance : méthodes, approvisionnement, planning, entretien, contrôle, personnel, etc. (qui en réalité commandent à sa place) est tenu pour responsable des résultats alors qu'il n'a pas réellement le pouvoir de les assumer ».

Implication ne signifie pas pour autant autonomie.

Le degré d'autonomie du délégataire, c'est-à-dire sa liberté de choisir les moyens de son action et ses comportements, fait partie du champ de la négociation.

Là, encore, aucune règle d'efficacité absolue n'a été vérifiée.

Toutefois, par expérience, dans l'hypothèse d'une négociation des objectifs et du plan d'action, je puis avancer qu'autant il est préférable que les propositions d'objectifs soient faites à l'initiative du supérieur hiérarchique, quitte à être modifiées sous le feu des arguments du subordonné (le hiérarchique gardant le dernier mot), autant il est souhaitable que les propositions de moyens soient celles du collaborateur.

En résumé, le délégataire doit avoir, soit une totale liberté de choisir les moyens, soit l'initiative de la proposition qui servira de base à la négociation avec son supérieur.

Cinquième étape de la procédure de délégation :
La mise en place du plan d'action.

L'exécution de la mission incombe totalement au délégataire.

Le délégant n'est là qu'en cas de besoin. Il attendra donc pour intervenir que son collaborateur le lui demande explicitement.

Selon la situation, l'importance et la longueur de la mission déléguée, le niveau de maturité de votre collaborateur, un contrôle intermédiaire peut être souhaitable.

Ce dernier peut, nous l'avons dit, faire l'objet d'une négociation entre le délégant et le délégataire.

Sans doute, certains collaborateurs verront dans un contrôle intermédiaire une remise en cause de votre confiance. Dans ce cas, abandonnez l'idée de les contrôler, vous perdriez une bonne part du bénéfice de la délégation.

D'autres, au contraire, verront dans les contrôles intermédiaires, appelés par certains « points de contrôle », un dispositif d'aide, une sécurité pour qu'ils puissent réussir leur mission. A leurs yeux, ils ont l'avantage de permettre des échanges de vues, des conseils, des communications d'informations, la prise de mesures correctives, etc.

C'est pourquoi j'aurai tendance à recommander de donner l'initiative des contrôles intermédiaires au délégataire.

Leurs modalités doivent être, dans tous les cas, connues de celui-ci, et après négociation, acceptées.

Ils peuvent prendre, en effet, différentes formes : tableaux de bord, rencontres entre supérieur et subordonné, rapports journaliers, etc.

Sixième étape de la procédure de délégation :
Le contrôle final.

L'initiative de ce contrôle revient au délégant.

Selon le principe de la co-responsabilité, le délégataire et le délégant sont tous deux responsables des résultats obtenus.

Le contrôle final n'en demeure pas moins une méthode d'évaluation du collaborateur.

Il s'effectuera notamment en analysant les écarts entre les réalisations et les objectifs comme le veut la DPO.

Loin d'être mécanique, ce contrôle doit faire l'objet d'une discussion entre le supérieur et son subordonné ou mieux d'un véritable entretien d'appréciation, c'est-à-dire d'une discussion formelle entre eux deux dans le but de découvrir comment et pourquoi le subordonné a atteint ses résultats et comment il pourrait les améliorer dans l'avenir dans l'intérêt de l'entreprise.

Ainsi ce bilan de l'expérience de délégation deviendra-t-il un vecteur de progrès, de développement et de motivation.

En conclusion, tout le long du processus de délégation, doit s'établir un jeu de complémentarité, une interaction entre supérieur et subordonné, qui n'ont rien à voir avec le laisser-faire.

EVOLUTION DES IMPLICATIONS
DANS LA PROCEDURE DE DELEGATION

Echelle des degrés d'implication des individus :

0 : implication nulle
1 : implication faible
2 : implication moyenne
3 : implication forte
4 : implication très forte

Etapes de la DPO et de la délégation	Supérieur	Subordonnés
1. Fixation des objectifs généraux de l'entreprise	4 pour la direction générale	0 à 1
2. Fixation des objectifs partiels	2 à 4	1 à 3
3. Choix des moyens	0 à 2	1 à 4
4. Action	0	4
5. Contrôles	4	1 à 2

8

SAVOIR MOTIVER

Qu'on le veuille ou non, un dirigeant est avant tout quelqu'un qui cherche à atteindre des objectifs en utilisant le travail des autres.

Les résultats qu'il obtiendra dépendront des performances des personnes qu'il a sous sa responsabilité qui elles-mêmes varieront selon sa capacité à les motiver.

La véritable question qui se pose à lui est donc : comment motiver les autres ?

1. Motiver. Que signifie ce maître verbe du management ?

« Créer chez quelqu'un les raisons qui le poussent à agir », peut-on lire dans le dictionnaire Le Petit Robert.

Cette définition qui en vaut bien d'autres a le mérite d'être simple et de dénoncer implicitement l'idée avancée par certains selon laquelle la motivation est un état : un individu est motivé, voire naît motivé, ou ne l'est pas.

De plus, tous les individus ne sont pas motivés par les mêmes mobiles, par les mêmes besoins.

A ce titre, de nombreux théoriciens se sont trompés et Frédéric Taylor (*op. cit.*) le premier, qui croyait que les individus ne travaillaient que pour l'argent.

Abraham H. Maslov, dès 1943, distingua cinq catégories de besoins chez les individus. Rappelons-les pour mémoire tant elles sont connues :

— les besoins physiologiques : nourriture, sommeil et autres éléments de survie;

— les besoins de sécurité tels que la sécurité de l'emploi, la retraite, les assurances;

— les besoins sociaux : le besoin d'être aimé, d'appartenir à un groupe, etc.;

— les besoins d'estime et de considération : le besoin d'être reconnu, le besoin de prestige, de statut, de pouvoir;

— les besoins d'accomplissement de soi et notamment le besoin de devenir tout ce qu'ils peuvent devenir.

Selon Maslow, ces besoins sont hiérarchisés, telle une pyramide.

Les besoins d'estime et d'accomplissement de Soi ne sont vraiment motivants que dès lors que les besoins inférieurs sont satisfaits.

Bien qu'elle fut, à juste titre, souvent critiquée, la hiérarchie des besoins de Maslow a des implications pratiques pour les dirigeants.

Ainsi, tant qu'un salarié a des difficultés pour payer ses traites ou pour acheter les biens de première nécessité à sa famille, il a, en effet, tendance à être plus motivé par une possibilité d'accroître ses revenus que par un quelconque compliment ou une promesse de promotion à terme.

Par ailleurs, la hiérarchie des besoins de Maslow fut à l'origine de plusieurs autres théories dites de contenu qui répondent à la question « qu'est-ce qui motive les gens à travailler » ?

Parmi elles, les plus connues sont celles de David McClelland et de Frederik Herzberg.

David McClelland distingue trois besoins fondamentaux : le besoin de relations personnelles, le besoin de pouvoir et le besoin d'accomplissement. Ces trois facteurs d'impulsion ne correspondent qu'à la partie supérieure de la pyramide de Maslow mais, selon McClelland, expliqueraient 80 % des comportements.

Après avoir enquêté auprès de deux cents cadres, ingénieurs et comptables, Frederik Herzberg mit en évidence, en 1959, deux catégories de besoins :

— des facteurs d'hygiène de vie ou d'ambiance tels que : la rémunération, la sécurité de l'emploi, le statut, les relations entre collègues, les conditions physiques de travail, la surveillance;

— des facteurs de motivation tels que la nature du travail, les responsabilités, les possibilités d'avancement; la reconnaissance par la direction du travail réalisé, la possibilité de développement personnel.

Alors que les facteurs d'hygiène peuvent susciter des insatisfactions, ils ne sont pas capables de motiver réellement les individus.

Pour motiver, il faut donc agir, selon Herzberg, sur les facteurs de motivation.

Rien d'étonnant, donc, qu'ils soient à l'origine du développement de l'enrichissement des tâches.

De toutes ces théories, il est possible de dégager quatre éléments essentiels et synergiques favorisant la motivation de ses collaborateurs ou, tout au moins, évitant leur démotivation.

Le premier est la culture qui anime l'entreprise.

Ensemble de savoir-faire, de savoir-vivre, de règles propres à l'entreprise, la culture peut aller jusqu'à imposer un style à la vie de tous les jours, une manière de s'habiller, une façon de parler.

Ses racines baignent dans le passé de l'entreprise et nourrissent son devenir.

Elle influence les aspirations de ceux qui détiennent le pouvoir et le comportement de tous les membres de l'entreprise.

Ses effets peuvent être bénéfiques, notamment lorsqu'elle facilite la communication interne, comme ils peuvent être désastreux quand elle constitue un obstacle aux changements.

Il n'en reste pas moins exact que les bons dirigeants sont ceux qui sont capables de créer un état d'esprit, esprit-maison ou esprit de corps et un élan motivationnel grâce à des valeurs communes.

Le deuxième vecteur de motivation est le style de commandement du dirigeant que nous avons longuement développé et sur lequel je ne reviendrai pas.

Le troisième est une implication et une participation des salariés qui, on le sait, peuvent être accrues par l'emploi de méthodes bien connues telles que la Direction (Participative) Par Objectifs, l'enrichissement du travail, la constitution d'équipes semi-autonomes et de cercles de qualité.

Le quatrième élément motivant est le cadre de travail qui doit positiver les facteurs d'hygiène et d'ambiance de Frederik Herzberg (voir plus haut).

Bien que très utiles, y compris en pratique comme nous venons de le voir, au travers ces quatre outils les théories sur la motivation ont un défaut majeur, celui de ne pas tenir compte des particularités de chaque individu.

Elles énoncent les lois générales sur les motivations, ce qui n'est pas toujours très réaliste.

Mes plus proches collaborateurs n'ont pas les mêmes motivations, les mêmes besoins.

L'un d'eux est motivé par l'amitié qu'il me porte et le plaisir de construire quelque chose avec moi. L'argent ne l'intéresse pas. Je sais que je n'obtiendrais pas de lui de meilleures performances en lui proposant une augmentation de salaire ou une participation financière plus importante.

En revanche, ces deux avantages stimuleront beaucoup un autre de mes collaborateurs très soucieux de voir augmenter son pouvoir dans le groupe et son patrimoine personnel.

Ce qui est vrai pour les membres de mon comité de direction l'est également à tous les niveaux hiérarchiques de mon groupe.

J'en conclus pour ma part que la motivation de mes collaborateurs dépend tout autant de la qualité des relations que j'entretiens avec eux que des structures et de l'organisation, des valeurs de l'entreprise et de ses méthodes du management.

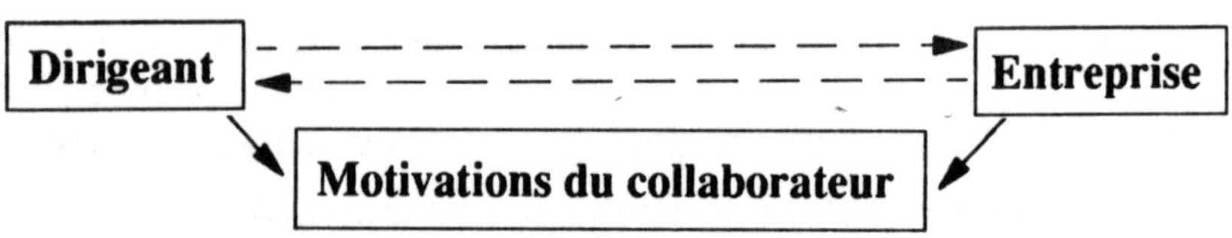

Or, tandis que sont relativement bien isolées les raisons pour lesquelles certaines entreprises sont plus motivantes que d'autres : existence d'un projet d'entreprise, d'une stratégie bien définie, de circuits d'informations performants, d'une organisation structurée, d'une bonne délégation, d'un système d'évaluation des performances transparent et en relation avec les procédures de rémunération et de promotion, d'une politique de formation cohérente avec les objectifs stratégiques, etc., plus difficiles à identifier sont les raisons pour lesquelles certains dirigeants sont plus motivants que d'autres.

A brûle-pourpoint, je dirais :

— qu'ils connaissent les motivations de chacun de leurs collaborateurs,

— qu'ils sont eux-mêmes motivés,

— qu'ils savent motiver naturellement et / ou connaissent un ou plusieurs des outils de la motivation : la dynamique de groupe, la programmation neuro-linguistique, l'analyse transactionnelle, etc.

2. Connaître les motivations de ses collaborateurs.

Tout être vivant est motivé. Il faut savoir par quoi.

Chaque individu a, en effet, son propre système de valeurs. Ce qui motive l'un de vos collaborateurs peut laisser de marbre les autres.

Avant d'introduire des changements dans le système motivationnel applicable à l'ensemble ou à une bonne part du personnel d'une entreprise, la méthode la plus adaptée demeure l'enquête par questionnaire.

En revanche, des méthodes plus personnalisées sont nécessaires dès qu'un supérieur désire motiver un ou un petit nombre de ses subordonnés.

Parmi elles, citons en plus de toutes les techniques d'études psychologiques à base de tests, les examens psychotechniques, si lourds et difficiles à mettre en œuvre sans l'aide d'un spécialiste qu'ils ne sont généralement utilisés que pour le recrutement de collaborateurs « motivés », les techniques graphologiques et la morphopsychologie aux fondements scientifiques contestés, l'astrologie que certains dirigeants achètent à des bonimenteurs de talent, enfin les entretiens à bâtons rompus pour créer un climat de confiance réciproque propice aux confidences, les entretiens individuels et les entretiens d'appréciation qui ont ma préférence et qui, je le rappelle, constituent la phase finale de la procédure de délégation.

Ne pouvant pas, dans cet ouvrage, aborder les entretiens d'appréciation, j'invite le lecteur, qui souhaite se former à ce type de discussion formelle, comme je le fis naguère, à lire l'excellent ouvrage des Américains R.E. Lefton, V.R. Buzzotta, M. Sherberg et D.L. Karraker (*Motivation efficace à l'entretien d'appréciation,* McGraw Hill).

Ces derniers insistent sur le fait que les individus ne sont pas motivés par le travail mais par ce qu'il procure.

Il est donc essentiel de déterminer les véritables besoins de vos subordonnés avant d'associer à la réalisation des objectifs qui leur sont fixés une récompense ou un « bénéfice » qui satisfasse leurs besoins.

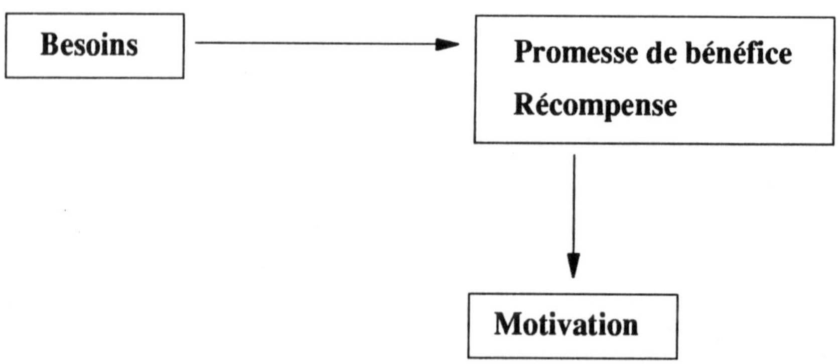

Il m'est également impossible dans l'espace éditorial qui m'est imparti de traiter des entretiens individuels.

Bien que beaucoup moins structurés, ils viseront, comme les entretiens d'appréciation, à déterminer les besoins des subordonnés, leurs désirs non réalisés, leurs croyances, les obstacles rencontrés dans l'exercice de leur travail, leurs priorités, etc.

Exemple de guide d'entretien pour un entretien individuel semi-directif.

Consigne de départ : avez-vous choisi le métier que vous exercez actuellement ?

Les autres thèmes ne sont proposés que si l'interlocuteur ne les aborde pas spontanément :

— Si vous aviez pu choisir, qu'auriez-vous aimé faire ?

— Qu'est-ce qui vous a empêché de le faire ?

— Qu'est-ce qui vous semble important pour faire convenablement votre travail ?

— Qu'est-ce qu'il vous apporte personnellement ?

— Quels sont les obstacles que vous rencontrez pour exercer votre métier comme vous le souhaiteriez ?

Pour créer un climat de confiance et de bienveillance, les techniques de reformulation et de synthèse seront fréquemment utilisées.

---

3. Ecrire la formule de la motivation de vos collaborateurs.

Comme je l'ai écrit à plusieurs reprises, pour motiver un collaborateur il faut conditionner, à la réalisation d'un objectif, l'obtention d'un ou de plusieurs avantages qui correspondent à ses besoins réels.

La recherche sincère de ces derniers par les différentes méthodes que je viens d'indiquer permet d'une part de les isoler, d'autre part de les hiérarchiser.

A l'instar des hommes de marketing, des publicitaires et des vendeurs qui ont l'habitude de choisir leurs arguments publicitaires et / ou de vente en fonction des motivations de leur cible, j'établis l'équation des besoins de mes collaborateurs directs qui eux-mêmes, suivant mes conseils, le font pour leurs subordonnés, etc.

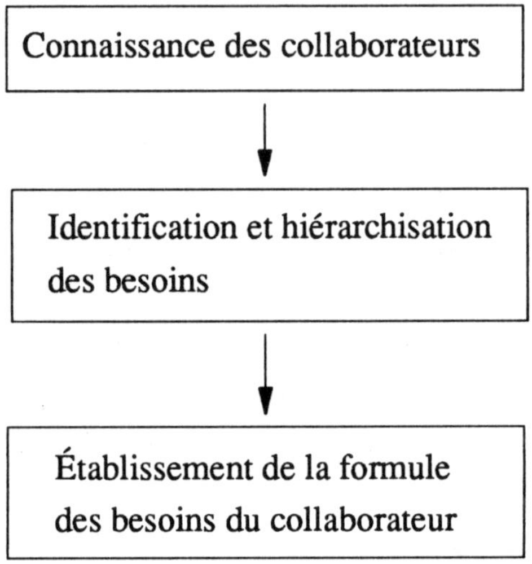

Il faut être parfaitement conscient de la subjectivité de cette mise en équation et de son caractère évolutif : ce qui motive à un moment « t » peut, en effet, ne plus motiver à un moment « t + 1 ».

Sa formulation peut être précisée, voire « négociée », lors d'un entretien d'appréciation avec le collaborateur.

Son intérêt réside essentiellement dans l'effort de synthèse qu'elle vous demandera.

L'établissement de la formule de la motivation nécessite en premier lieu le choix d'une classification des besoins : celle de Maslow, celle de Herzberg, ou toute autre classification utilisée, par exemple, en marketing telle que :

— le S O N C A S de Bernard Julhiet Conseils,

S pour sécurité

O pour orgueil

N pour nouveauté

C pour commodité

A pour avidité

S pour sympathie

— le B E S O I N : Bien être, Estime, Sécurité, Orgueil, Intérêt, Nouveauté.

Pour ma part, j'ai pris l'habitude d'utiliser une classification qui combine celle de McClelland et celle de Herzberg.

Elle est composée de quatre besoins principaux :

— P : les besoins de pouvoir : besoin d'animer, de diriger, de commander, d'être autonome, d'améliorer une situation, etc.

— A : les besoins d'accomplissement : besoins de se remettre en cause, de réaliser des expériences nouvelles, de s'améliorer sans cesse, de devenir le meilleur de quelque chose, etc.

— R : les besoins de relations personnelles : besoin d'appartenance, besoin d'être informé, consulté, écouté, aimé, félicité, besoin d'humour, etc.

— I : les besoins d'insatisfaction : salaire, statut, grade, sécurité d'emploi, bureau, etc.

Je vous propose de vous en rappeler en utilisant mon moyen mnémotechnique P A R I : avec je fais le pari d'exploiter au maximum le véritable potentiel de vos collaborateurs...

A l'aide des informations que vous avez de votre collaborateur, notez-le selon une échelle de votre choix, par exemple de 0 à 10, pour chacune de ces quatre catégories de besoins.

Par exemple, j'évaluerai les besoins insatisfaits d'un collaborateur de la façon suivante :

Pouvoir : 8 / 10.

Accomplissement : 6 / 10.

Relations : 5 / 10.

Insatisfaction : 3 / 10.

Je peux alors établir sa formule de motivation :

Collaborateur X = 8 P + 6 A + 5 R + 3 I

et / ou représenter graphiquement ses besoins :

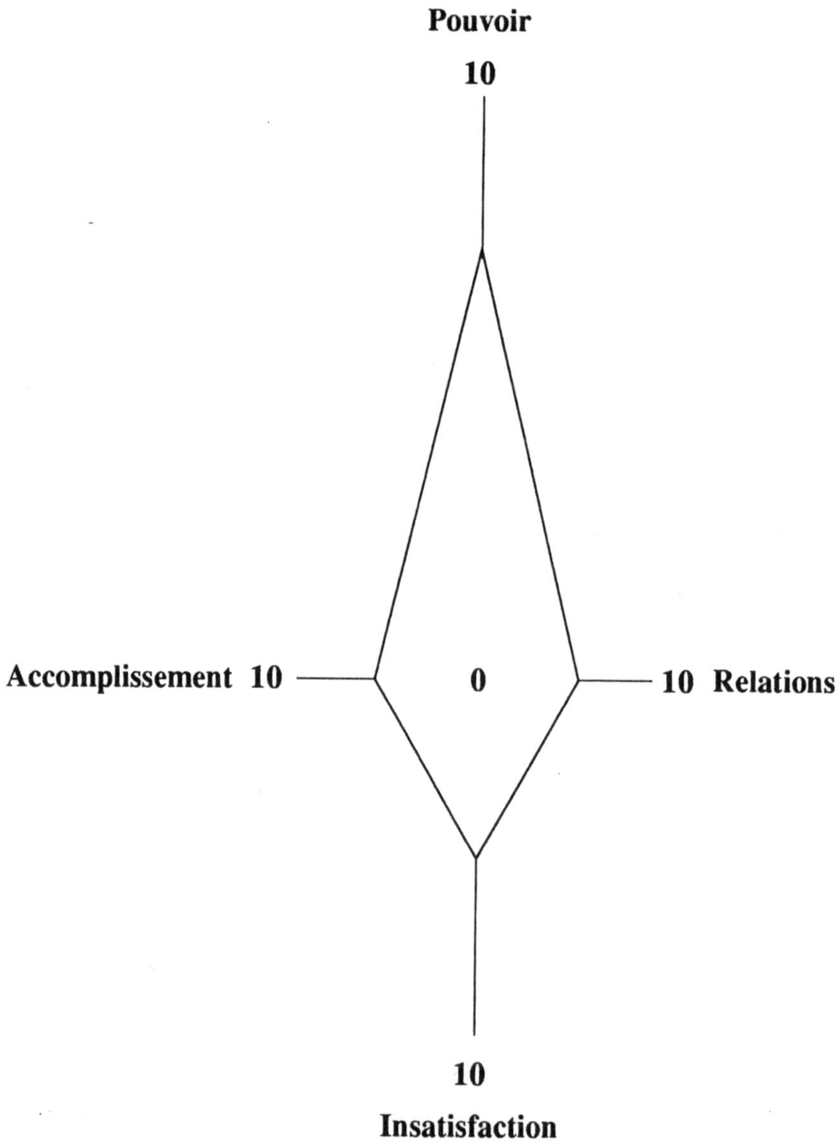

De cette manière, il me sera possible de comparer les formules ou les configurations en étoile de mes collaborateurs, voir comment elles évoluent dans le temps ou comment elles réagissent à mes promesses de « bénéfice ».

Elles me serviront également dans le choix des stimulus.

4. Choisir les bons moyens pour motiver vos subordonnés.

La procédure de choix des stimulus est la suivante :

Détermination des besoins insatisfaits ou partiellement satisfaits de votre collaborateur

↓

Établissement de la formule de la motivation

↓

Choix du stimulus-bénéfice

Selon le plus fort coefficient de Pouvoir d'Accomplissement, de Relation ou d'Insatisfaction, les mesures pour motiver un collaborateur seront différentes.

a) Les mesures à adopter pour motiver un collaborateur à fort coefficient P (Pouvoir) :

— déléguez une partie de vos responsabilités (voir Savoir déléguer),

— consultez-le,

— faites-vous remplacer par lui pendant vos vacances,

— faites-lui sentir qu'il aura rapidement de plus grandes responsabilités,

— pensez à lui dès qu'un poste de responsabilité sera libre,

— etc.

b) Les mesures à prendre pour motiver un collaborateur à fort coefficient A (Accomplissement) :

— pensez à enrichir et varier son travail,

— fixez avec lui des objectifs ambitieux,

— établissez avec lui son plan de formation,

— sollicitez son aide dès qu'un problème nouveau apparaît,

— faites-lui sentir qu'il est indispensable dans son domaine,

— etc.

c) Les mesures pour stimuler un collaborateur à fort coefficient R (Relations) :

— faites-le travailler en groupe : réunion, comité, cercle de qualité, etc.,

— faites-lui des compliments en cas de succès,

— confiez-lui la responsabilité de préparer ou d'animer les réunions,

— prenez le temps de lui parler et encouragez-le à parler de lui-même,

— faites-lui sentir que vous vous intéressez à ce qu'il fait,

— pensez à lui pour des missions de relations publiques internes et / ou externes, etc.

d) Les mesures pour motiver un collaborateur à fort coefficient I (Insatisfaction) :

— augmenter son salaire,

— stimulez-le par un système de primes, de commissions,

— améliorez ses conditions de travail : bureau, secrétaire, voiture de fonction,

— accordez-lui le statut de cadre,

— remplacez son contrat à durée déterminée par un contrat à durée indéterminée, etc.

9

SAVOIR STIMULER LA CRÉATIVITÉ DE SES COLLABORATEURS

Il m'a toujours semblé singulier que le créateur d'entreprise soit considéré avant tout comme un innovateur et qu'une fois le lancement de son projet assuré il soit perçu comme un gestionnaire, un organisateur, un animateur, un planificateur, etc., c'est-à-dire tout ou presque sauf comme un générateur d'idées nouvelles.

L'origine de cette distinction entre le chef d'entreprise et l'entrepreneur créateur remonte, semble-t-il, aux années 30 à la suite de la diffusion des théories de l'économiste Joseph Schumpeter selon lesquelles l'entrepreneur assume essentiellement une fonction d'innovation.

Depuis, de nombreux théoriciens ont tenté de mettre en évidence les qualités de l'entrepreneur, qu'ils regroupèrent sous le concept d'entrepreneurship ou d'entrepreneuriat, par rapport à celles du manageur ou du leader rassemblées sous le vocable de leadership.

L'entrepreneur serait avant tout un rêveur réaliste, un preneur de risques calculés, un créateur tandis que le manageur serait un optimisateur des ressources de l'organisation qu'il a sous sa responsabilité.

Cette dichotomie, intellectuellement satisfaisante comme le sont souvent les théories manichéennes, est trop marquée pour être exacte.

Un dirigeant non-entrepreneur ne doit pas se contenter de gérer l'acquis.

L'innovation est l'énergie sans laquelle l'entreprise s'arrête de tourner.

Même si le dirigeant n'est pas lui-même le fondateur de son entreprise, il se doit d'avoir un rôle créatif.

Le maintien d'une dynamique de croissance ne passe que par la capacité d'innover, la capacité de lancer de nouveaux produits, de découvrir de nouveaux procédés de fabrication, d'utiliser de nouveaux matériaux, de nouvelles formes d'organisation du travail, de nouvelles méthodes de communication et de commercialisation, etc.

Ainsi, Donald Clifford et Richard Cavanagh, tous deux directeurs chez McKinsey et auteurs de « Guérilla pour la croissance. Les stratégies des entreprises qui grandissent vite » (Préface d'Yvon Gattaz, InterEditions) ont-ils montré, à partir d'une enquête auprès de nombreuses EMC, Entreprises Moyennes en Croissance, d'une part qu'il n'y avait « pas de valeur sans innovation et pas de renouvellement de la valeur sans innovation permanente », d'autre part la grande variété des formes d'innovation et enfin, qu'une « fois franchie la première phase de développement, les entreprises tendent à focaliser l'innovation davantage sur les techniques commerciales que sur les produits ».

Les domaines où l'innovation est nécessaire, production, marketing, organisation et méthodes de travail, etc., sont donc bien trop nombreux et trop différents pour qu'un homme seul ait le temps et la compétence d'y faire face.

La différence entre un créateur d'entreprise et un manageur ne serait-elle pas que l'entrepreneur doit, par la force des choses, innover en solitaire alors que le manageur doit stimuler la créativité de tous ses collaborateurs ?

L'entrepreneur serait à l'origine des idées tandis que le manageur serait à l'origine du processus créatif à tous les niveaux de son organisation.

Ainsi, à la question d'un journaliste : « La prééminence que vous accordez aux idées convient au président de la société, mais pensez-vous que la même exigence doive s'appliquer à tous ceux qui travaillent chez Honda ? », le président de la firme japonaise du même nom répondit-il : « En ce qui concerne, par exemple, une chaîne de fabrication, nous avons toujours besoin d'idées. La chaîne n'a pas été inventée par Dieu, mais par les hommes, aussi pouvons-vous constamment espérer l'amélioration. Chaque ouvrier est encouragé à trouver des moyens d'améliorer son travail. »

Par bonheur, les moyens pour stimuler la créativité de ses subordonnés et ceux pour les motiver ne sont pas antinomiques, bien au contraire.

Les vertus de la délégation, de la participation, de la direction par objectifs ne sont plus à démontrer dans les deux cas.

La lourdeur et la rigidité de la hiérarchie, la bureaucratie, l'absence de communications transversales et interdisciplinaires, la sous-information ou l'insuffisante circulation de l'information entre les services de l'entreprise, notamment entre les services du marketing, de la recherche-développement et de la production, le poids des « autorités », des règles, des procédures, des *a priori* sont *a contrario* des obstacles bien connus à la créativité.

De l'attitude du dirigeant dépendra beaucoup l'élimination de ces blocages.

Alex F. Osborn, père du fameux brain-storming, conclut dans les dernières pages de son ouvrage de référence « Créativité. L'imagination constructive » (Editions Bo-pré-Dunod) : « Les chefs, qui réussissent, encouragent la créativité. Le chef idéal doit être à la fois un régleur d'allure et un entraîneur en matière de créativité. Il doit cultiver la créativité de ceux qui l'entourent et la laisser s'épanouir. Mais, par-dessus tout, il doit ressentir une réelle considération pour la puissance des idées. »

Pour ce faire, le dirigeant doit lutter contre toutes les manifestations d'une culture d'entreprise sclérosante, fondée sur les habitudes, les traditions, les modes intellectuelles et la résistance au changement et imposer une culture d'entreprise innovante basée sur le droit d'avoir des idées, le droit de les exprimer, le droit d'être écouté, le droit de prendre des risques, le droit à l'erreur.

Selon Roger Von Oech, ce célèbre consultant américain que certains n'ont pas hésité à qualifier de « gourou de Silicon Valley », l'un des principaux verrous à la créativité est en effet la peur de l'échec et de la sanction qui lui est associée : « la quantité d'imagination utilisée par un individu est inversement proportionnelle à la quantité de punitions qu'il recevra pour y avoir eu recours » (Créatif de choc ! Businessman / Albin Michel).

La délégation sans le droit à l'erreur conduit, en conséquence, le délégataire à prendre le risque minimum, à adopter les idées qui ont fait leur preuve dans le passé sans s'assurer qu'elles soient les meilleures.

En accordant à vos collaborateurs le droit à l'erreur, vous libérerez leurs énergies latentes, vous les motiverez, vous stimulerez leur sens de l'initiative et vous profiterez de leurs bonnes idées et de l'expérience qu'ils tireront de leurs moins bonnes.

Leur dire qu'en cas d'erreur ils ne seront pas licenciés ou rétrogradés n'est pas suffisant.

Tom Peters, co-auteur du Prix de l'Excellence, dans son ouvrage « Le chaos management » (InterEditions) nous dit qu'il « s'agit moins de tolérer l'erreur que de l'encourager activement. Parlez-en et dédramatisez-la. Lors d'une réunion, commencez par raconter le dernier bide intéressant que vous avez fait... ».

Mais ne nous trompons pas, le droit à l'erreur n'est pas synonyme de déresponsabilisation.

Il évite des sanctions pécuniaires ou un licenciement à la personne en cause mais cette dernière, responsable à part entière de l'échec, se doit de trouver, avec ou sans l'aide de son supérieur, de nouvelles idées pour éviter un second échec.

Le droit à l'erreur est donc le pendant d'un devoir : le devoir de tirer une leçon de chaque échec et de chercher des améliorations.

C'est en cela que le droit à l'erreur est un facteur de progrès.

De nombreuses personnes voient dans le droit ou plutôt le devoir d'émettre des idées un apport du management à la japonaise.

Et de citer, par exemple, M.K. Matsushita, longtemps président du groupe du même nom : « si nous gagnons contre l'Occident ce sera parce que vous aurez préparé votre défaite. Dans un environnement si difficile, inattendu, dangereux, nous devons mobiliser toute l'intelligence dont nous disposons pour nous en sortir. Formation du personnel, dialogue, communication, sollicitation des suggestions de tous, sont des conditions nécessaires à cette survie ».

Les valeurs présentes dans la culture des entreprises japonaises favorisent certes la coopération entre les membres d'une entreprise, la lutte pour l'amélioration, le dévouement pour le bien général de l'entreprise, etc.

Il restait toutefois à concrétiser ses valeurs par des mesures managériales.

L'une d'elles consiste à mettre en place des systèmes de suggestions encourageant ainsi tous les membres de l'entreprise à soumettre leurs idées.

Cette reconnaissance de la créativité à tous les niveaux hiérarchiques a un effet stimulant incontestable sur l'émission d'idées nouvelles.

Les salariés de Matsushita feraient en moyenne chacun trente à cent suggestions d'amélioration par an et 90 % d'entre elles seraient assorties d'une récompense.

La collecte peut être organisée à l'aide de simples boîtes à idées, comme il en existe dans chaque atelier de production de mon groupe, d'une rubrique « idées » dans un journal d'entreprise, d'un recensement par courrier des suggestions auprès de tous les salariés, de réunions créatives, etc.

Selon les mêmes principes que ceux présentés dans le cadre du « savoir motiver », les participants sont bien entendu stimulés par la promesse de bénéfices de divers ordres : primes, promotions, récompenses honorifiques, reconnaissance par leurs pairs, etc.

Mais, encore faut-il prendre garde à ce que les récompenses extrinsèques, n'affaiblissent pas la motivation intrinsèque.

Si vous faites quelque chose par plaisir et que l'on vous propose de vous rémunérer, il se peut que le côté ludique de votre activité disparaisse et qu'elle ne devienne qu'une tâche, un devoir comme les autres.

N'est-ce pas une bonne raison de plus pour bien connaître les motivations et les attentes de vos collaborateurs ? (voir le chapitre savoir motiver).

Un autre risque à ne pas sous-estimer est celui des réactions du groupe auquel appartient le primé.

Faut-il récompenser de la même manière tous les membres du groupe à l'origine de l'innovation, ou seulement certains d'entre eux et notamment leur animateur ?

Là encore, une bonne connaissance de ses subordonnés et des relations qu'ils entretiennent entre eux est la meilleure façon d'éviter l'apparition de conflits dont il ne faut pourtant pas, à l'inverse, exagérer la fréquence l'apparition.

Au-delà des avantages obtenus en termes de mobilisation du personnel et d'éveil créatif, les entreprises qui, comme la mienne, mettent en place de tels systèmes de suggestions recherchent des répercussions financières autrement dit des économies liées notamment à une plus grande productivité ou des gains supplémentaires engendrées par une augmentation des ventes.

La compagnie IBM a, par exemple, un programme de suggestions depuis plusieurs décennies qui s'adresse à tous les membres du personnel quel que soit leur niveau hiérarchique. Les suggestions sont soumises par écrit et transmises aux services compétents pour analyse. Celles qui sont retenues sont primées au prorata des économies anticipées. En 1985, 11 534 suggestions ont été faites à la Direction d'IBM France. 16 % d'entre elles ont été adoptées et primées. Le montant des primes s'est élevé à 6,7 millions de francs et les économies espérées étaient estimées à 97 millions de francs.

Pour stimuler la créativité de ses collaborateurs, il ne suffit pas de favoriser l'expression des idées, ni même de les récompenser.

Il faut que celles qui ont été retenues pour leur intérêt soient au plus vite appliquées.

Il faut passer de la créativité (émission d'idées) à l'innovation (application des idées dont la faisabilité a été vérifiée).

Pensez-vous qu'un écrivain serait toujours aussi créatif si, après avoir déposé son premier manuscrit et touché son premier chèque d'avance sur droits, son éditeur traînait des pieds pour le publier ?

Non, bien sûr ! et il en est de même de toutes les personnes qui ont eu une idée reconnue pour bonne, pour laquelle, éventuellement, ils ont été félicités et qui, comme Sainte Anne, ne voit rien venir.

La pléthore des idées mort-nées est le plus sûr moyen de tuer la créativité et l'innovation dans une entreprise.

Le passage de la créativité à l'innovation dépend essentiellement de vous, dirigeant, et cadres supérieurs.

Votre volonté d'innovation, comme le suggère Tom Peters (*op. cit.*), doit s'affirmer à tous les niveaux. « Traquez et mesurez l'innovation de manière quantitative et qualitative... Intégrez des objectifs d'innovation chiffrés dans l'ensemble des priorités que se fixent les cadres. Organisez des réunions trimestrielles ou mensuelles de mise au point sur l'innovation dans toutes les fonctions, y compris la formation et la comptabilité. Commencez chaque réunion hebdomadaire ou mensuelle du personnel par une évaluation de cinq minutes sur les programmes d'innovation. »

Et de préconiser l'instauration d'un système de primes liées aux objectifs d'innovation, en complément de celui pour stimuler les idées, tel que celui mis en place par la société 3 M.

Ses cadres supérieurs perçoivent, en effet, des primes calculées uniquement en fonction des ventes de produits lancés au cours des deux dernières années. Ils n'ont jamais été aussi favorables aux idées nouvelles...

Je terminerai ce chapitre par une série de conseils simples mais très efficaces pour stimuler la créativité autour de vous.

Quelques conseils pour stimuler la créativité de vos collaborateurs :

— Soyez vous-même créatif.

— Formez-les aux techniques de créativité : associatives, analogiques, combinatoires et oniriques.

— Valorisez la créativité.

— Encouragez vos collaborateurs qui ont des idées.

— Récompensez-les, félicitez-les, faites des éloges sincères.

— Louez tout progrès : grand comme petit.

— Faites savoir autour d'eux qu'ils sont à l'origine des innovations.

— Ne ratez aucune occasion de donner un coup de main aux créatifs.

— Donnez confiance aux timides.

— Ne vous prenez pas au sérieux : amusez-vous, jouez avec eux.

— Poussez-les à lire, à sortir, à se faire plaisir en pratiquant leurs violons d'Ingres.

— Parlez avec eux de leurs activités extra-professionnelles.

— Habituez-les à travailler en groupe.

— Demandez-leur des idées.

— Posez-leur des questions.

— Sollicitez leur avis.

— Cherchez des solutions avec eux.

— Accordez-leur du temps pour ne rien faire d'autre que réfléchir.

— Combattez à leur côté pour éliminer les règlements, les procédures, la bureaucratie qui freinent l'action.

— Déléguez.

— Lancez-leur des défis.

— Pour chaque problème qu'ils vous posent, en face à face ou en réunion, demandez-leur de donner eux-mêmes au moins une solution.

— Créez un climat propice à la créativité : optimisme, enthousiasme, bonne humeur, coopération. Luttez contre tout pessimisme, tout climat de défiance et de critique.

— Cherchez toujours ce qu'il y a de bon dans une idée. Ne soyez ni sceptique, ni négatif, ni trop péremptoire en raison de votre grande expérience.

— Utilisez la technique de « l'Avocat de l'Ange » de Sidney Shore (in Passeport pour l'innovation, Elf Aquitaine et Gimca Communication) qui favorise l'écoute créative et donne à l'idée nouvelle toutes les chances d'être bien comprise, donc d'être objectivement évaluée.

Elle suppose que :

1. Vous reformuliez fidèlement l'idée proposée par l'autre.

2. Vous choisissiez dans l'idée un point que vous appréciez réellement et dites : « Ce que j'aime dans votre idée, c'est... »

3. Vous passiez ensuite à l'examen objectif de l'idée proposée, en amenant votre interlocuteur à percevoir lui-même ses faiblesses et à trouver des améliorations.

10

SAVOIR NÉGOCIER

Le dirigeant est souvent confronté à des situations qui nécessitent de négocier avec d'autres organisations, qu'elles soient des entreprises ou des administrations, ou avec d'autres individus.

Pour ma part, je négocie, seul ou avec l'aide de quelques-uns de mes collaborateurs, notamment, avec les propriétaires des entreprises que je souhaite racheter, avec les représentants de mon personnel comme avec ceux des entreprises que je tente de reprendre, avec les banques, avec des hommes d'affaires pour constituer un tour de table, avec les fournisseurs, les consultants et les agences de publicité avant de les choisir, avec mes subordonnés dans le cadre de la délégation et / ou de la direction par objectifs et / ou de l'établissement de leur budget, etc.; la liste serait trop longue.

Parce qu'il est le symbole de son organisation, la présence du dirigeant est souvent essentielle pour la réussite de la négociation. Aussi, déléguer à un collaborateur, même très compétent, les activités de négociation est-ce souvent une erreur à ne pas commettre à moins que l'on ait en tête d'appliquer la tactique de l'autorité supérieure (voir plus loin).

Le dirigeant est généralement, aux yeux des personnes avec qui il faut négocier, le porte-parole et le représentant du système de valeurs et d'information de son organisation.

Il est également le seul véritable répartiteur de ressources, c'est-à-dire celui qui a l'autorité nécessaire pour engager les ressources financières, humaines, technologiques, etc., de son entreprise.

C'est pourquoi se faire accompagner par des cadres qui connaissent les dossiers, parfois mieux que le dirigeant lui-même, est souvent préférable à la délégation pure et simple (voir le chapitre « Savoir déléguer »).

Mais avant d'aller plus loin dans l'art et la pratique de la négociation, encore faut-il la définir correctement.

Bien que la définition du Petit Robert ne soit pas critiquable — « Série d'entretiens, d'échanges de vues, de démarches qu'on entreprend pour parvenir à un accord, pour conclure une affaire » — je la complèterai toutefois par celle de Christophe Dupont (La négociation. Conduite, théories, applications, Dalloz), que j'ai sélectionnée parmi une pléthore d'autres assertions : « Il s'agit d'une activité mettant en face à face deux ou plusieurs acteurs, qui, confrontés à des divergences et se sentant interdépendants, choisissent la recherche effective d'un arrangement pour mettre fin à cette divergence et, de cette manière, créer (ne fût-ce que temporairement), maintenir ou développer une relation entre eux. »

Cette définition a le mérite de mettre en exergue le fait que les acteurs ont, en général, chacun à la fois, d'une part le souci de sortir vainqueur de la négociation, c'est-à-dire de faire accepter à l'autre des propositions auxquelles il n'aurait pas consenties d'emblée, d'autre part la volonté de maintenir un climat de confiance et de collaboration avec l'autre partie.

Ceci est d'autant plus important que l'une des spécificités de la négociation d'affaires est la prise en compte par la plupart des négociateurs de la probabilité qu'ils ont de se revoir, de traiter à nouveau ensemble ou avec des « amis » communs.

En conclusion, les acteurs sont à la fois adversaires, en raison de leurs divergences, et partenaires puisqu'ils se rencontrent pour rechercher un arrangement, arrangement qui sera souvent un compromis entre les positions de départ des acteurs.

De nombreux auteurs ont comparé la négociation à un jeu. Récemment encore, Roger Dawson, considéré comme l'un des grands spécialistes internationaux de la négociation, dans son ouvrage « Négociez (presque tout) » (Businessman First, édition française 1990), écrivait « un des principes de base de la négociation est de ne jamais oublier qu'il s'agit d'un jeu.

Si vous voulez avoir du plaisir à négocier, acceptez de garder quelques-unes de vos cartes sous la table jusqu'au moment où vous en aurez besoin ».

D'autres auteurs, tout aussi notoires et respectés dans le monde des affaires, dénoncent le fait que la négociation soit considérée comme un jeu alors qu'elle est un processus coopératif.

Parmi eux, l'un des plus virulents, est le consultant international Gerard Nirenberg (Tout négocier pour réussir, Businessman / Albin Michel).

Selon lui : « Considérer la négociation comme un jeu, c'est l'entamer dans un esprit de stricte compétition. Avec cette attitude, le négociateur se heurte aux autres individus pour arriver à un but que lui seul espère réaliser... L'objectif devrait être d'arriver à un accord, pas à une victoire totale. Les deux parties doivent avoir l'impression qu'elles ont gagné quelque chose. »

On retrouve ces deux conceptions contradictoires dans la théorie des jeux à essence mathématique et socio économique qui distinguent :

— les jeux à somme nulle où les intérêts des acteurs sont opposés, le gain de l'un entraînant une perte équivalente de l'autre,

— les jeux à somme non nulle de coopération où les intérêts des acteurs sont communs, autrement dit, ils gagnent ou ils perdent ensemble,

— les jeux à somme non nulle de type mixte où les intérêts des acteurs sont en partie opposés et en partie communs.

Le jeu à somme nulle conduit le perdant à se soumettre, mais sa soumission peut n'être que provisoire si le pouvoir de l'autre devient insupportable par sa durée. Le perdant peut alors tenter d'exercer un contre-pouvoir, l'esprit de vengeance l'y encourageant.

La résistance prendra, selon l'objet du conflit, différentes formes : grève, fraude, vol, bouche à oreille négatif, absentéisme, mise en garde à autrui, départ, rupture du contrat, etc.

De la sorte, le jeu « je gagne, tu perds » peut se transformer avec le temps en « qui perd gagne »; à moins que le vainqueur revoit son attitude et accepte le jeu à somme non nulle de type mixte.

Certains d'entre vous, amis lecteurs, penseront peut-être que le jeu mixte est un jeu difficile au terme duquel un acteur, par son attitude trop conciliante, risque éventuellement d'être plus perdant que gagnant.

C'est que vous pensez qu'il n'existe que deux attitudes possibles lors d'une négociation : celle de la douceur et celle de la dureté.

Le négociateur doux veut à tout prix éviter le conflit ouvert et la rupture. Il est prêt à faire de nombreuses concessions pour parvenir à un accord. Tout serait dans le meilleur des mondes si son partenaire adoptait la même attitude.

Imaginez qu'au contraire ce dernier ait une attitude plus ferme, le négociateur doux sortira de la négociation déçu de sa performance et de son interlocuteur avec le sentiment d'avoir été roulé dans la farine.

Un négociateur dur est celui qui n'envisage la négociation que comme un combat. Il veut gagner, c'est-à-dire imposer ses vues à l'autre. Si ce dernier n'est pas un négociateur doux mais seulement un peu ferme, il réagira avec dureté ce qui ne manquera pas de détériorer les relations entre les deux parties et de rendre impossible un accord.

Toutes les techniques de négociation de démarches, coopérative ou mixte, c'est-à-dire correspondant à un jeu à somme non nulle, ont pour but de trouver une cote mal taillée entre les objectifs poursuivis par les deux parties.

Elles ont, disent certains, un relent de marchandage. Chaque négociateur a une plage de négociation comprise entre l'objectif idéal fixé plus haut possible dans la limite du raisonnable et l'inacceptable qui correspond à un point de rupture.

La superposition ou l'intersection des deux plages de négociation équivaut à la plage d'accord envisageable.

La difficulté pour le négociateur est qu'il ignore la plage de négociation de l'autre. Sa première tâche sera donc de chercher à connaître le point de rupture de l'autre en le faisant parler et en l'écoutant attentivement. Il devra en revanche éviter de dévoiler son propre point de rupture.

Les négociateurs utiliseront des tactiques plus ou moins dures pour faire évoluer leurs positions respectives.

Les tactiques dures qui sont utilisées dans un jeu à somme nulle mais le sont parfois, avec les inconvénients que j'ai déjà cités, dans un jeu à somme non nulle sont pour les plus connues d'entre elles : faire de la rétention d'information, agir par effet de surprise, prêcher le faux pour savoir le vrai, mettre devant le fait accompli, menacer, culpabiliser, alterner le chaud et le froid, fixer un délai limite à la réponse de l'autre, faire marche arrière, céder sur un point secondaire et faire croire que c'est une concession importante pour obtenir un avantage qu'on présente comme secondaire alors qu'il est primordial, etc.

Roger Dawson (*op. cit.*) a classé ces manœuvres pour obtenir l'avantage, qu'il a appelées des gambits en référence au jeu d'échecs en fonction du déroulement de la négociation.

Il distingue les gambits de départ, les gambits intermédiaires et les gambits de fin.

Les gambits de départ sont des tactiques de début de négociation, parmi eux citons :

— la réticence : ne faites pas celui qui est très intéressé,

— la réaction de recul : prenez un air choqué ou dégoûté à une proposition de votre interlocuteur,

— la compréhension bienveillante : faites sentir aux gens que vous les comprenez, ne les prenez jamais de front, faites en sorte de les calmer s'ils deviennent agressifs,

— le « tout » demander : n'ayez pas peur de demander plus que ce que vous souhaitez mais évitez les offres « à prendre ou à laisser »; donnez-vous une marge de flexibilité,

— le refus des premières offres : ne sautez jamais sur une première offre, si intéressante soit-elle. Faites plutôt la fine bouche. Prenez votre temps,

— l'étau : utilisez la phrase anodine suivante : « je suis sûr que vous pouvez faire mieux ».

Ces tactiques sont bien connues de tous les négociateurs professionnels, vendeurs, acheteurs, diplomates, repreneurs, banquiers, politiques, etc.

Dans cette liste et parmi tous les « trucs » que nous avons déjà cités, on retrouve les formules autrement, quelques-uns des douze moyens, dignes de l'Ecole des Relations Humaines, que Dale Carnegie a conseillés à de nombreux chefs d'entreprise pour gagner les autres à penser comme eux :

— respectez les opinions de votre interlocuteur,

— ne dites jamais qu'il a tort,

— commencez à parler avec douceur,

— posez des questions qui font automatiquement dire oui,

— laissez parler l'autre tout à son aise,

— laissez-lui croire que l'idée suggérée par vous vient de lui,

— essayez sincèrement de voir les choses du point de vue de votre interlocuteur.

La logique du marchandage

Négociateur A :

Plage de négociation pour A

Point de rupture — **Objectif idéal**

Propositions inacceptables ------------X//////////////////////////////////////X---------- **Propositions irréalistes**

Négociateur B :

Plage de négociation pour B

Objectif idéal — **Point de rupture**

Propositions irréalistes ----------X///////////////////////////////////////X------------ **Propositions inacceptables**

****

Plage d'accord possible

Les gambits intermédiaires sont utilisables dès lors que vous avez isolé la plage d'accord possible. Citons parmi eux :

— l'autorité supérieure : gardez un recours.

Comme l'a écrit très judicieusement Roger Dawson : « Dans le cas où vous souhaiteriez utiliser la tactique de l'autorité supérieure, rappelez-vous qu'il vaut toujours mieux avoir à en référer à un conseil d'administration ou à un comité qui sont des unités abstraites qu'on ne peut consulter sur-le-champ pour régler le problème, plutôt qu'à une personne qu'on peut rencontrer facilement » :

— la tactique du « donnant-donnant » qui consiste à dire « si je vous fais ça, que ferez-vous pour moi ? »,

— la technique du « laisser-de-côté » est à utiliser lorsqu'il y a impasse sur un point majeur de la négociation. Elle évite la rupture en proposant de réfléchir sur les solutions à des problèmes mineurs.

Les gambits de fin sont les dernières cartouches dont vous disposez pour réussir la négociation. Nous n'en citerons qu'une pour l'instant :

— la volonté de partir : si l'affaire est presque conclue mais que vous n'êtes pas totalement satisfait, ne craignez pas de partir. Ce n'est pas parce que vous quittez la table des négociations que celles-ci sont terminées... au contraire ! vos interlocuteurs vous relanceront sans doute avec de nouvelles offres.

Ces techniques que certains qualifient de « classiques », de « négociation de position » ne sont pas à jeter au rayon des recettes dépassées.

Selon les circonstances, les personnalités des négociateurs, les enjeux en cause, elles peuvent être utilisées avec profit, et donc doivent être connues par tous les négociateurs, ne serait-ce que pour éviter de tomber dans leurs pièges.

Il existe toutefois une approche de la négociation qui n'est, ni dure, ni douce, mais ferme et conciliante à la fois, une approche mise au point par le centre de recherche Harvard Negociation Project de l'Université de Harvard qui donna naissance à une nouvelle méthode de négociation : la négociation raisonnée également appelée négociation sur le fond que je ne saurais que trop recommander.

Dans leur ouvrage « Comment réussir une négociation » (Seuil) — au sujet duquel John K. Galbraith écrivit « la négociation est la forme la plus répandue et la plus problématique des relations avec autrui, si l'on exclut les relations sexuelles avec lesquelles elle n'est d'ailleurs pas sans rapport. Ce livre est, de très loin, ce que j'ai lu de meilleur sur la négociation » — Roger Fisher et William Ury ont décrit en détail cette méthode dont l'objectif est de satisfaire les intérêts respectifs des parties en présence et d'aboutir à un accord judicieux, efficace et conclu à l'amiable.

En substance, la négociation raisonnée repose sur quatre principes fondamentaux :

Règle 1 : il faut traiter séparément les questions de personnes et le différend.

Les négociateurs sont, en effet, des hommes doués de sensibilité. Il faut donc être doux avec les hommes, en appliquant les techniques de relations humaines à plusieurs reprises évoquées (empathie, écoute attentive, reformulation, etc.), et dur avec le différend.

Règle 2 : il faut se concentrer sur les intérêts en jeu et non sur les positions.

Une discussion sur les positions de chacun conduit généralement à une rupture ou à un compromis qui ne satisfait aucune des parties. La technique de « couper la poire en deux » est la pire des techniques vous diront les spécialistes de la négociation.

Posez-vous la question : « Pourquoi votre interlocuteur souhaite-t-il ceci plutôt que cela ? » Cherchez à découvrir ses véritables intérêts, attentes, craintes, et motivations profondes.

Selon Roger Fisher et William Ury, « un négociateur qui défend ses intérêts avec fermeté ne doit pas rester sourd à ceux de son adversaire. Bien au contraire ! S'il veut que son adversaire l'écoute et discute avec lui de ses propositions, il doit tenir compte de ses intérêts et se montrer ouvert aux suggestions. Un négociateur doit être à la fois ferme et conciliant, c'est le secret de sa réussite ».

Règle 3 : il faut imaginer un grand nombre de solutions possibles procurant un bénéfice mutuel.

L'utilisation des principes et des techniques de la créativité est ici conseillée : évitez la critique systématique, dissociez la génération des idées et la décision, remettez la décision à plus tard, pratiquez l'humour, produisez le maximum d'idées, livrez-vous avant et / ou pendant la négociation à des exercices de libre association où les suggestions des uns rebondissent sur celles des autres, etc. (voir le chapitre « Savoir stimuler la créativité de ses collaborateurs).

Règle 4 : pour arriver à un accord satisfaisant pour toutes les parties en présence, il faut exiger l'utilisation de critères objectifs, si possible acceptés de part et d'autre, comme par exemple : la valeur intrinsèque ou la valeur d'une entreprise, les conventions collectives des entreprises du secteur d'activité, le prix de l'argus, l'avis d'un expert indépendant ou d'un médiateur, etc.

Sinon, le risque est grand de revenir à une négociation de position (voir ci-dessus) avec toutes les conséquences préjudiciables sur les relations futures qu'on lui connaît.

A la suite de ce panorama des stratégies et des tactiques de négociation, il apparaît nettement qu'une négociation se prépare même si l'intuition, le flair, l'agilité intellectuelle, la maîtrise de soi, l'expérience, etc., y jouent un rôle important.

De plus, il serait erroné de croire que les procédures et les moyens soient parfaitement identiques quelles que soient les conditions matérielles de la négociation.

Il existe des spécificités de la négociation en face à face que l'on ne retrouve ni dans celle en réunion, ni dans celle au téléphone, ni dans la négociation par écrit. De même il y en a selon le sujet de la négociation : négociation de vente, négociation d'objectifs, négociation de reprise d'entreprise, négociation avec son banquier, négociation collective, etc., autant de thèmes qui ont fait l'objet d'ouvrages spécialisés.

C'est pourquoi, je propose d'étudier avec vous, tout d'abord les phases successives d'une négociation, puis le profil du négociateur, enfin la négociation par téléphone.

Les négociateurs les plus avisés, eux-mêmes, considèrent

qu'un accord est, généralement, le résultat d'un processus séquentiel dont la première étape est la préparation, à moins bien sûr que la négociation ne soit « à chaud ».

Le nombre de phases dépend du temps imparti et de la nature de la négociation.

Il varie également selon les spécialistes.

Pour certains, pas de salut en dehors des 3 « C » qui correspondent :

— soit aux phases « Connaître », « Convaincre », « Conclure »,

— soit aux étapes « Consulter », « Confronter », « Conseiller », peut-être plus adaptées à la négociation de type « gagnant / gagnant » que je préconise.

Les trois « C » de la négociation

Etape	Contenu	Comportement à adopter
Consultez	Acceptez d'échanger des informations Posez des questions Ecoutez	Ecoute attentive, calme, ouverture, attention, disponibilité
Confrontez	Comparez les propositions, argumentez les vôtres Mettez à l'épreuve celles de votre interlocuteur	Détermination, assurance, précision, vivacité
Conciliez	Trouvez le meilleur arrangement possible en cherchant à rapprocher les propositions ou en émettant une nouvelle	Confiance, mesure, coopération, créativité

Pour d'autres spécialistes, la négociation comprend trois phases dont l'ordre et le contenu sont légèrement différents :

— La première phase consiste à découvrir ce que veut la partie adverse, ce que sont ses objectifs.

— La deuxième consiste à rassembler des informations sur la partie adverse : quelles sont les motivations qui la poussent à faire ces demandes ?

A l'aide des informations ainsi collectées et analysées, il est possible de choisir les bonnes stratégies et tactiques à appliquer lors de la phase 3.

— La troisième étape est celle, en effet, pendant laquelle le négociateur fait éventuellement des compromis, cherche à aboutir à un accord mutuellement satisfaisant.

En ce qui me concerne, je considère, d'une part, que distinguer trois phases dans une négociation est insuffisant, d'autre part que la préparation avant la négociation proprement dite est l'une des phases les plus importantes du processus.

Sans elle, vous prenez le risque de ne jamais arriver à conclure.

C'est pourquoi, j'aurais tendance à conseiller de suivre les étapes suivantes :

Première étape : la préparation de la négociation

Elle revient :

— à étudier et à parfaitement connaître le dossier,

— à s'interroger sur les raisons officielles comme sur celles cachées de la négociation,

— à délimiter le champ de la négociation : ce qui est négociable et ce qui ne l'est pas,

— à faire la liste des objectifs à atteindre en leur donnant toutefois une certaine souplesse, à définir une marge de manœuvre,

— à savoir si la négociation se fera seul à seul ou en équipe,

— à recenser les objectifs probables de son (ses) interlocuteur(s),

— à cerner les moyens et le pouvoir de chacune des parties pour évaluer le rapport de force,

— à chercher des renseignements sur son interlocuteur : son réel pouvoir de décision, sa formation, sa personnalité, éventuellement son comportement, sa stratégie, ses tactiques lors d'une précédente négociation, ses réussites, ses échecs, etc., et sur l'entreprise qu'il représente, notamment, en consultant les articles de presse la concernant, les messages publicitaires, les bilans comptables et sociaux et autres rapports financiers, les catalogues de produits et le barème de prix, etc.,

— à prévoir les arguments et les objections que peut avancer l'interlocuteur,

— à imaginer différents scénarii y compris le pire.

Mais également :

— dresser la liste des propositions que l'on envisage de faire,

— à trouver un nombre suffisant de solutions de rechange,

— à préparer les réponses aux objections possibles,

— à s'interroger sur les stratégies et les tactiques envisageables sans en choisir une *a priori*,

— à faire un essai et à tester vos arguments avec vos collaborateurs. Si vous organisez un jeu de rôles : jouez votre rôle puis celui de votre interlocuteur.

De plus :

— à définir le lieu de rencontre,

— si celle-ci a lieu dans vos locaux, à préparer la salle de réunion ainsi que l'accueil de votre interlocuteur et éventuellement son déplacement, ses repas, etc.

Et enfin :

— à se préparer psychologiquement à l'aide des techniques de visualisation et de pensée positive, etc. (voir la gestion du stress).

Deuxième étape : l'accueil et la prise de contact

Plus vous serez pressé d'arriver à un accord, plus vous devrez prendre soin à créer une ambiance et un climat qui influenceront le déroulement de la négociation.

Respectez la règle des cinq « 20 » qui vous rappelle que, pour négocier efficacement, la prise de contact est essentielle et que sa qualité dépend des 20 premières secondes d'entretien, des vos 20 premiers mots, vos 20 premiers gestes, vos 20 premiers sourires, vos 20 premiers regards.

Souvenez-vous également qu'en matière de négociation « l'habit fait le moine ». Choisissez donc vos vêtements et votre apparence en fonction de l'image et du « positionnement » que vous souhaitez avoir aux yeux de votre interlocuteur.

Troisième étape : la déclaration des buts et des objectifs généraux.

Elle doit confirmer le climat de coopération et de confiance mutuelle.

Il est trop tôt pour présenter vos objectifs spécifiques. Commencez par des déclarations initiales, positives et agréables. Insistez sur votre philosophie de la négociation « gagnant / gagnant », par exemple, en affirmant : « j'aimerais que cette négociation aboutisse sur un accord qui satisfasse pleinement les intérêts de chacun d'entre nous ».

Quatrième étape : l'exploration.

Elle consiste à faire parler votre interlocuteur. Facile à dire ! rétorqueront les sceptiques.

Suivez les quelques conseils suivants et vous verrez que l'exploration d'un interlocuteur n'est pas si compliquée.

Le meilleur moyen d'obtenir une réponse est de poser une question.

Par exemple, il m'arrive, dans certains cas, pour pousser mon interlocuteur à préciser ses buts, de lui demander directement : « Qu'attendez-vous de cette négociation ? » (question directe pour attirer l'attention, obtenir des informations, forcer l'autre à la réflexion).

En posant des questions, vous allez, d'une part garder le contrôle de l'entretien, d'autre part pousser votre interlocuteur à dévoiler sa personnalité, ses buts, ses besoins, ses « atouts » cachés, etc.

Les plaisantins ne disent-ils pas que les meilleurs commerçants, qu'ils soient arabes ou juifs, répondent toujours à une question par une autre question ?

Extrait du film Rabbi Jacob : « Dis-moi, Rabbi Jacob, est-ce que tu me reconnais ? ». Réponse : « Et toi, me reconnais-tu ? »

Les autres rôles des questions :

— attirer l'attention,

— obtenir des informations,

— mieux comprendre votre interlocuteur,

— évitez que vous en disiez trop,

— obtenir l'accord de votre interlocuteur sur certains points d'abord, puis sur l'ensemble du sujet négocié,

— faire préciser certains de ses arguments avant de réagir brutalement,

— lui faire approfondir une objection,

— pour faire réfléchir votre interlocuteur,

— pour le pousser à faire des suggestions,

— pour recentrer l'entretien,

— pour conclure,

— etc.

Il existe trop de bons ouvrages et d'articles sur la façon de bien poser les questions selon les buts recherchés pour que je m'étende sur le sujet.

Je ne donnerai donc que quelques exemples pour chacune des principales catégories de question :

— Question fermée dichotomique : « Avez-vous eu une autre proposition ? »

— Question fermée à réponse unique : « Quand préférez-vous que nous nous revoyions : lundi, mardi ou jeudi ? »

— Questions ouvertes :

— questions d'approfondissement :

« Qu'entendez-vous par là ? »

« Pour mieux répondre à votre question, pouvez-vous me dire... »

« Pourquoi ? », « Comment ? », « Quand ? », « Où ? », « Qui ? », etc.

— question de validation : « vous semblez dire que... vous ai-je bien compris ? »

— question de recentrage : « je répondrai à votre question, mais avant pourriez-vous me dire... ? »

— question de contrôle : « Votre enveloppe budgétaire n'a pas changé ? elle est toujours celle que vous envisagiez il y a quelques jours ? »

— question suggestive : « Ne pensez-vous pas que la mise en place est un peu longue ? »

Il va sans dire que vous devrez :

— éviter de harceler de questions votre interlocuteur,

— varier les types de questions,

— écouter les réponses très attentivement et les analyser pour mieux poursuivre la négociation,

— répondre à celles qu'il ne manquera pas de vous poser.

Selon l'avancement des négociations, vos réponses aux questions posées seront plus ou moins précises, sachant que plus elles le seront plus vous donnerez confiance mais aussi plus vous vous découvrirez.

Il existe une autre technique que le questionnement pour explorer votre interlocuteur.

C'est celle de la reformulation, très utilisée au cours d'entretiens individuels, qu'ils soient d'embauche ou psychothérapeutique, ou encore, dans le cadre d'une étude de motivations des consommateurs.

La reformulation consiste à reprendre une opinion émise, une remarque faite par l'interlocuteur et à la formuler de nouveau à haute voix :

Exemple :

Votre banquier : « Les taux que je vous propose sont nettement inférieurs à ceux de mes confrères. »

Vous : « Vos taux sont nettement inférieurs ? »

La reformulation renvoie l'opinion de votre interlocuteur. Aussi, quand elle prend la forme d'une question, celle-ci est-elle appelée question miroir ou de reflet pur et simple.

Autre exemple pour apprendre également à gérer les silences :

Un de vos collaborateurs : « Les objectifs que vous me demandez d'atteindre sont trop élevés par rapport à ceux de l'année dernière. Comment voulez-vous que j'y arrive ? »

Vous : « Oui, je vous pose la question ? » (technique de la réponse-question).

Lui : « C'est très objectivement impossible... (silence de trois secondes), vraiment impossible... (silence de quatre secondes)... à moins que... » (silence).

Vous : (comptez jusqu'à dix). « A moins que ? »

Lui : « A moins que (puis il vous donne le fruit de sa réflexion).

Les techniques de reformulation ont un double effet sur votre interlocuteur :

1. Elles concrétisent votre attitude d'écoute, d'empathie, d'ouverture d'esprit qui le valoriseront.

2. Elles encouragent l'interlocuteur à chercher des réponses, à réfléchir, à être créatif, etc.

Pour ne pas utiliser uniquement la technique de la question miroir, essayez la technique du résumé qui revient à synthétiser les propos de votre interlocuteur.

Un bon moyen pour vous y entraîner consiste à commencer votre phrase (à haute voix ou dans votre tête) par l'une des formules suivantes :

« En résumé, vous voulez dire... »

« Si je vous ai bien compris... »

« Selon vous,... »

« Si je vous suis bien,... »

Il va de soi que vous attendrez que votre interlocuteur ait approuvé ou corrigé / ou approfondi votre synthèse avant de passer à un autre thème.

Cinquième étape de la procédure de négociation : l'expression des désaccords

Une fois les enjeux et les positions de chacun définis, apparaissent généralement des désaccords d'ampleur plus ou moins grande.

Des objections sont formulées de part et d'autre. Un bon négociateur ne s'en attriste pas; au contraire, il sait qu'elles traduisent des différences de points de vue et cristallisent les véritables besoins et motivations de l'autre.

Il saura les exploiter notamment à l'aide des techniques de reformulation pour en savoir plus sur son interlocuteur et pour faire évoluer son argumentation dans le bon sens.

Pour lui, une objection n'est pas un piège ou un refus définitif, c'est un moyen de lever les derniers freins à un accord.

C'est la raison pour laquelle, dans son attitude même, il veillera à ne pas être agressif, nerveux, critique, etc., et tirera profit, en revanche, à respecter les principes des relations humaines que j'ai déjà évoqués et d'appliquer mes conseils pour lutter contre le stress.

Les gambits de départ (voir plus haut) sont des tactiques parfaitement adaptés à cette phase.

Sixième étape : la recherche d'une solution.

Lionel Bellenger, l'un des meilleurs spécialistes français de la négociation et auteur de plusieurs ouvrages qui font référence, considère à raison que la négociation peut conduire à quatre résultats de qualité inégale :

1. L'échec parce qu'il y a eu affrontement sans recherche de véritable solution.

L'échec peut être toutefois de différentes natures, et donc plus ou moins grave, de conséquences.

On peut distinguer :

— l'échec par rupture différée qui repousse l'arrangement à plus tard par manque d'informations, de pouvoir ou que sais-je encore ?

— l'échec objectif qui équivaut à se mettre d'accord sur le désaccord actuel mais qui ne provoque pas la rupture définitive des relations,

— l'échec conflictuel qui est le pire puisqu'il laisse un lourd contentieux et s'est transformé en un conflit de personnes.

Ces échecs, surtout le dernier, sont souvent la conséquence d'une mauvaise stratégie de l'une ou des deux parties et / ou l'utilisation de tactiques et de gambits intermédiaires (voir plus haut) mal adaptés à la situation.

2. Les concessions parce qu'il y a eu domination d'une partie sur l'autre.

Selon les raisons de cette domination (ascendant charismatique, rapport de force, qualité de l'une des propositions, tactiques de déstabilisation utilisées, gambits, etc.), celui qui aura fait le plus de concessions le vivra plus ou moins bien par la suite...

3. Le compromis parce qu'il y a eu coopération entre les deux parties.

Après avoir exposé leurs propositions et leurs intérêts respectifs, les négociateurs ont cherché à les rapprocher sans esprit de domination, mais plutôt d'équilibre.

4. Le consensus parce qu'il y a eu novation.

Lors des discussions et des levées des objections est née une dynamique créative qui a généré une solution à laquelle les parties en présence n'avaient pas pensé au départ, solution que pour ma part je qualifierai d'« optimale ».

Cet examen des quatre résultats possibles montre l'importance du choix des stratégies et des tactiques de négociation dans la valeur à court, moyen et long termes d'une solution trouvée.

Toutefois, ces dernières ne sont pas les seules variables explicatives du succès ou de l'échec.

Les résultats d'une négociation dépendent, en fait, de quatre facteurs interdépendants.

Au processus de négociation (stratégie et tactiques), il faut, en effet, ajouter la culture (du pays, etc.), les caractéristiques des négociateurs (personnalité, âge, formation, expérience, charme et séduction, etc.), et les conditions de la négociation (lieu, durée, nombre de participants, nombre de parties en présence, etc.).

Septième étape : la conclusion

Selon les us et coutumes du pays ou de la profession, la culture, dit-on de nos jours, et la réglementation en vigueur, la conclusion peut prendre différentes formes : de l'accord de principe au contrat de présence d'un notaire en passant par la parole donnée ou le bon de commande signé.

La complexité juridique de l'accord dépendra également de l'importance de ses implications financières.

Il est, en effet, raisonnable quand celles-ci sont lourdes de mettre par écrit les conditions acceptées et de les faire rédiger et signées par les parties en présence, ne serait-ce que dans un protocole d'accord qui pourra, par la suite, prendre un habillage plus officiel.

L'une des questions que vous aimeriez sans doute me poser concerne l'existence d'un profil type du bon négociateur.

A entendre les spécialistes qui le décrivent, le négociateur serait un homme parfait : plein d'esprit, de bon sens, d'initiative et de jugement, imaginatif, cultivé, énergique, empathique, courageux, confiant, patient, honnête, etc.

Dès lors, on comprend la difficulté que disent avoir les employeurs à trouver des vendeurs.

Mais, à trop exiger, ne risque-t-on pas de ne rien obtenir ? C'est la réflexion que je me fais souvent en lisant certaines annonces décrivant le profil recherché des vendeurs et en découvrant la rémunération proposée.

Lorsqu'il s'agit de négocier avec un étranger, il est souvent recommandé de connaître sa langue et son pays, sa culture, ses mœurs, etc. Ce n'est pas moi qui dirait le contraire, vous vous en doutez.

De parler la langue de son interlocuteur permet de créer plus facilement un climat de confiance et de sympathie.

Pourtant, j'ai souvent constaté que les hommes d'affaires français prenaient un risque inconsidéré lorsqu'ils acceptaient de négocier dans une langue étrangère, et notamment en anglais, sans dominer parfaitement les nuances de la langue.

Pour ne pas être désobligeant, je ne citerai pas le nom de cette grande entreprise française qui fit confiance à un négociateur trop imbu de sa personne pour accepter la présence à ses côtés d'un linguiste spécialisé dans la traduction simultanée et qui s'aperçut que les termes du contrat signé par son fondé de pouvoir lui étaient très défavorables.

Bien que maîtrisant souvent mieux les langues que les hommes d'affaires, les chefs d'Etat et les diplomates sont, bien souvent, beaucoup plus prudents lors des négociations.

La traduction simultanée leur est même utile lorsqu'ils parlent couramment la langue de l'interlocuteur.

Elle leur donne, en effet, le temps de réfléchir entre le moment où ils ont compris par eux-mêmes et celui où après traduction, ils doivent répondre.

Pour répondre à la question d'un profil idéal du négociateur, très concrètement, je vous propose d'estimer votre potentiel ou celui d'une autre personne, collaborateur ou postulant à un poste, à l'aide d'un test établit par Robert B. Maddux (Devenez un négociateur qui gagne, Presses du Management).

Notez de 1 à 10 la validité de chacune des affirmations suivantes :

— Je suis sensible aux besoins des autres.

— Je suis prêt à transiger quand c'est nécessaire pour résoudre un problème.

— J'adhère à la philosophie gagnant / gagnant.

— Je tolère bien les conflits.

— Je suis disposé à rechercher et analyser à fond les enjeux.

— La patience est l'un de mes points forts.

— Je tolère bien le stress.

— Je sais bien écouter.

— Les attaques personnelles et les railleries ne me dérangent pas plus que ça.

— Je peux rapidement identifier les enjeux essentiels.

Si vous avez obtenu 80 ou plus, vous avez les caractéristiques d'un bon négociateur. Si votre score se situe entre 60 et 79, vous serez un bon négociateur après avoir corrigé quelques-uns de vos défauts.

Si votre évaluation est inférieure à 60, reprenez chacune des affirmations et travaillez celles pour lesquelles vous ne vous êtes pas donné la moyenne.

Pour conclure ce chapitre sur la négociation, je traiterai, comme je l'ai fait pour d'autres sujets, d'une forme moins connue que la négociation en face à face, à savoir la négociation par téléphone.

Cette dernière est, en effet, en passe de devenir plus fréquente que la négociation en face à face elle-même (voir les chapitres sur la gestion à distance et la gestion du temps).

Aussi, est-il primordial de connaître et de prendre en considération les spécificités de la négociation téléphonique.

Les conversations téléphoniques sont, comparées à celles en face à face, généralement plus brèves, plus impersonnelles, ce qui engendre souvent un comportement plus compétitif de type gagnant / perdant.

Les risques d'échec sont accrus également par l'absence de gestes et de mimiques qui, on le sait, précisent le sens des propos, la moindre résistance psychologique à dire non, la difficulté de retenir l'attention de son interlocuteur, etc.

C'est pourquoi, contrairement aux apparences de spontanéité et de rapidité que donne le téléphone, une négociation téléphonique doit être sérieusement préparée.

Le premier principe à respecter est d'appeler plutôt que de répondre à un appel.

Un appel prend au dépourvu, a un effet de surprise indéniable, interrompt la personne avec laquelle vous souhaitez négocier alors qu'elle pensait à tout autre chose.

Vous vous êtes préparé à la discussion, votre interlocuteur pas. Vous avez donc un avantage sur lui.

A contrario, si vous n'êtes pas prêt à répondre à un appel inpromptu, ce qui arrive même lorsque votre secrétaire fait barrage, retournez la situation à l'aide d'une formule de ce genre : « Je suis désolé, j'ai un rendez-vous important et je suis terriblement en retard. Je vous rappelle sans faute cet après-midi ou demain matin comme vous préférez » (Technique de l'alternative pour éviter le refus).

Les règles pour préparer correctement une négociatioin téléphonique sont semblables à celles que nous avons déjà présentées.

J'ajouterai néanmoins quclques conseils pratiques : ayez sous la main toutes les informations dont vous pensez avoir besoin ainsi que de quoi écrire et calculer.

Prévoyez également une excuse, un faux-fuyant qui vous permettra d'interrompre provisoirement la négociation si vous vous sentez en difficulté.

Prétextez par exemple une information manquante, une réunion qui n'attend que vous pour commencer, une décision d'une autorité supérieure même si elle n'existe pas, etc.

Une technique que l'on enseigne soi-disant à la très célèbre Ecole Nationale d'Administration, l'E.N.A., consiste à raccrocher pendant que vous êtes en train de parler. Ainsi, votre interlocuteur croit-il à une coupure technique dont vous n'êtes pas responsable.

Laissez votre combiné décroché, le temps de réfléchir et reprenez l'initiative de l'appel quand vous serez fin prêt.

Tout ce que vous savez maintenant sur la procédure, la stratégie et les tactiques de négociation, que ce soit en face à face ou par téléphone, reste valable.

Il vous suffira de travailler votre langage téléphonique : souriez car le sourire s'entend au téléphone, articulez et parlez lentement, prenez des notes, etc.

De nombreux ouvrages sur le marketing téléphonique approfondissent ce genre de détails qui ont leur importance, croyez-moi.

Il m'arrive pour ma part d'enregistrer certaines conversations à l'insu de mes correspondants. Cela me permet de les réécouter seul ou en compagnie de mes collaborateurs. J'en ai tiré profit également pour m'améliorer, pour corriger mes défauts, etc.

Je dois avouer que certains de mes enregistrements m'ont permis de faire fuir à toutes jambes des interlocuteurs peu honnêtes qui m'avaient fait des promesses par téléphone et qu'ils niaient par la suite.

Mais étant donné qu'une bande enregistrée n'a pas valeur de preuve en France, je n'insisterai jamais assez sur la nécessité de rédiger un compte rendu d'accord.

A l'instar de Herb Cohen (Sachez négocier en toutes occasions, First Inc) qui négocia pour Boeing, General Motors et le Gouvernement américain, je vois cinq autres avantages à prendre l'initiative de la rédaction :

1. Vous gardez la maîtrise de l'accord : date de rédaction, forme, date de diffusion, etc.

2. L'accord sera écrit dans votre style et avec votre vocabulaire. En cas de problème d'interprétation, vous serez le mieux placé pour trancher.

3. Sachant que vous aurez à rédiger le compte rendu, vous prendrez plus de notes au cours de la négociation, vous serez plus

attentif donc vraisemblablement plus efficace que votre interlocuteur.

4. Votre version servira de base de discussion pour toute révision ultérieure.

5. Vos interlocuteurs vous seront reconnaissants de les débarrasser d'une tâche qu'ils jugent fastidieuse et sans intérêt. Ils ergoteront moins et si un détail qui leur semble important a été oublié, donnez-leur satisfaction mais en leur faisant sentir que vous attendez quelque chose en retour.

CONCLUSION

Arrivé au terme de ce livre, vous ne manquerez pas de vous interroger sur l'exhaustivité des aptitudes du manageur que j'y ai développées.

Vous conviendrez, qu'en un nombre de pages raisonnables, il m'était difficile de les traiter toutes. J'ai donc retenu celles qui à la fois me semblaient, bien que sous-estimées, en pratique très importantes et se situaient en amont de la décision et du contrôle.

Ce choix est, sans doute, la conséquence inconsciente de mes propres besoins et de mes efforts à vouloir compenser les lacunes de ma formation.

Toutefois, pour ne pas donner une image tronquée de la réalité des rôles et des tâches d'un manageur, j'ai souhaité achever cet ouvrage en dressant une liste aussi complète que possible des compétences que devait avoir, à mes yeux, un dirigeant.

Un manageur doit savoir :

— planifier, fixer des objectifs, avoir une vision précise de son projet, prévoir, budgétiser,

— s'adapter au changement, être flexible, saisir les occasions, être opportuniste,

— s'informer, observer, analyser, simplifier, synthétiser, s'ouvrir au monde qui l'entoure,

— recruter, former, créer des conditions de travail favorables, motiver, récompenser, punir,

— organiser, définir les rôles de chacun, répartir les tâches et les ressources, coordonner les activités,

— concevoir et modifier les procédures que les subordonnés devront respecter,

— informer horizontalement et verticalement, de haut en bas et de bas en haut, dans l'entreprise et informer les publics externes à l'organisation,

— déléguer, faire participer,

— gérer les conflits,

— communiquer avec les autres : savoir parler en public, animer les réunions, utiliser optimalement le téléphone, écrire, communiquer en face à face,

— négocier,

— être créatif et stimuler la créativité de ses collaborateurs, encourager l'innovation et les suggestions,

— résoudre les problèmes, décider seul ou en groupe, quel que soit le niveau d'information dont il dispose et, parfois, rapidement,

— prendre des risques,

— gérer son temps, gérer à distance,

— gérer son moi,

— créer et améliorer son image, représenter son entreprise à l'extérieur,

— se motiver lui-même,

— contrôler, évaluer les résultats.

Nous jugerons ensemble, cher lecteur, de ma propre efficacité personnelle à gérer mon temps selon que j'ai ou non écrit dans quelques mois la suite logique de cet ouvrage qui reposera sur la trilogie :

Savoir s'informer, Savoir décider, Savoir contrôler.

BIBLIOGRAPHIE

Mohed Altrad, *Stratège de groupe,* 1989.

Igor Ansoff, *Stratégie du développement de l'entreprise,* Editions d'Organisation, 1989.

Georges Archier, Olivier Elissalt, Alain Setton, *Mobiliser pour réussir,* Seuil, 1989.

Warren Avis, *Moi, l'entrepreneur,* InterEditions, 1987.

Pierre Baranger et Philippe Renard, *Management et techniques de gestion*, Sirey, 1987.

Yves Bertrand et Patrick Guillemet, *Les organisations : une approche systémique,* Editions Agence d'Arc / Chotard, 1989.

Gérard Biolley et l'équipe du CRC, *Mutation du management*, EME, 1986.

Robert Blake et J.S. Mouton, *La troisième dimension du management*, Editions d'Organisation, 1987.

Robert R. Blake, Jane S. Mouton et Robert L. Allen, *Culture d'équipe*, Editions d'Organisation, 1989.

K. Kenneth Blanchard, D.W. Elington, M. Marjorie Blanchard, *Le manager minute garde la forme,* Editions d'Organisation, 1988.

K. Blanchard, Patricia et Drea Zigami, *Le leader et la minute du succès,* InterEditions, 1986.

Robert Bosquet, *Fondements de la performance humaine dans l'entreprise,* Editions d'Organisation, 1989.

François Bus, *Communiquer et manager à distance,* Chotard, 1987.

Robert A. Burgelmann et Léonard R. Sayles, *Les intrapreneurs*, McGraw Hill, 1987.

Jimmy Calano et Jeff Salzmann, *25 tactiques pour mener sa carrière au top,* Businessman First, 1989.
Cegos, *Le changement par la formation*, Editions d'Organisation, 1989.
Dominique Chalvin, *Autodiagnostic des styles de management*, Editions ESF-EME, 1985.
Jean Dominique Chiffre et Jacques Teboul, *La motivation et ses nouveaux outils,* Editions ESF-EME, 1988.
Yves Chirouze, *Le marketing,* 2 tomes, Chotard, 1991.
Yves Chirouze et Jean-Marc Tanrit, *Communication,* Chotard, 1992.
Charles Clark, *Comment être créatif dans le travail*, Dunod, 1986.
Herb Cohen, *Sachez négocier en toutes circonstances,* First, 1987.
Gaston Cuendet, Yves Emery et François Nankobogo, *Motiver aujourd'hui*, Editions d'Organisation, 1986.
Roger Dawson, *Négocier (presque) tout,* First, 1990.
Bert Decker, *L'art de la communication*, Presses du Management, 1990.
Jean-François Decker, *Réussir son développement personnel et professionnel*, Editions d'Organisation, 1989.
Max De Pree, *Diriger est un art*, Editions Rivages, 1990.
Jacques Dumont, *Le temps personnel*, Editions d'Organisation, 1988.
W. Jack Duncann *Les grandes idées du management*, Afnor Gestion, 1990.
Christophe Dupont, *La négociation,* Dalloz, 1986.
Roger Fisher et William Ury, *Comment réussir une négociation,* Seuil, 1982.
Bernard Galambaud, *L'initiative contrôlée ou le nouvel art du manager,* EME, 1988.
Patrick Gilbert, *Gérer le changement dans l'entreprise*, Editions ESF-EME, 1988.
François Gondrand, *Quand les hommes font la différence*, Editions d'Organisation, 1989.
Christine Guilloux, *Organisation ou comment travailler plus en se fatiguant moins,* Editions d'Organisation, 1988.
Pat Heim et Elwood, *Chapman, devenez un leader*, Presses du Management, 1990.
Robert Heller, *Les supermanagers*, Businessman / Albin Michel, 1987.
Philippe Hermel, *Le management participatif,* Editions d'Organisation, 1988.
Charles Hobbs, *Organisez votre temps, maîtrisez votre vie,* First, 1988.
Francis Imbert, *Propos d'un manager*, Economica, 1988.
Institut de l'Entreprise, *L'offre créatrice*, Editions d'Organisation, 1987.

Natasha Josefowitz, *Guide pour diriger vos subordonnés*, Hommes et Techniques, 1986.

Patrick Joffre et Yves Simon, *Encyclopédie de Gestion*, 3 tomes, Economica, 1989.

Francis et Heather Kelly, *Tout ce qu'on apprend vraiment à la Harvard*, Business School, InterEditions, 1988.

Manfred F.R. Kets de Vries et Danny Miller, *L'entreprise névrosée*, McGraw Hill, 1985.

Peter Koestenbaum, *Socrate et le Business*, InterEditions, 1989.

Paul Lawrence et Jay Lorsch, *Adapter les structures de l'entreprise*, Editions d'Organisation, 1989.

Harold J. Leavitt, *Le manager défricheur*, Editions d'Organisation, 1987.

Pierre Lebel, *La pédagogie, outil de management,* Editions d'Organisation, 1985.

Claude Le Bœuf et Alex Mucchielli, *Le projet d'entreprise*, Editions ESF-EME, 1987.

R.E. Lefton, V.R. Buzzotta, M. Sherberg et D.L. Karraker, *Motivation efficace par l'entretien d'appréciation,* McGraw Hill, 1987.

Pierre Lemaître, J.F. Begouën Demeaux, *Pratique d'organisation des services administratifs,* Editions d'Organisation, 1982.

Humbert Lesca, *Information et adaptation de l'entreprise*, Masson, 1989.

Harvey Mackay, *Nager avec les requins sans se faire manger tout cru*, InterEditions, 1988.

Robert D. Maddux, *Devenez un négociateur qui gagne*, Presses du Management, 1990.

Armel Marin et Pierre Decroix, *L'art subtil du management*, Editions d'Organisation, 1988.

Jean-Louis Martineau et Jean-Louis Morel, *Comment réaliser lucidement vos ambitions personnelles*, Dunod, 1986.

Etienne Minarik, *Motivation individuelle, clé du succès de l'entreprise*, Editions d'Organisation, 1987.

J.L. Michau, *Libérer le temps*, Masson, 1987.

Roger Miller, *La direction des entreprises,* McGraw Hill, 1985.

Henry Mintzberg, *Structure et dynamique des organisations*, Editions d'Organisation / Editions Agence d'Arc, 1982.

Henry Mintzberg, *Le manager au quotidien*, Editions d'Organisation / Editions Agence d'Arc, 1984.

Henry Mintzberg, *Le management*, Editions d'Organisation / Editions Agence d'Arc, 1990.

Bernard Missenard, *L'art de négocier en affaires*, Editions d'Organisation, 1987.

Pierre Morin, *Le management et le pouvoir, Editions d'Organisation, 1985.*

R. Mosvick et R. Nelson, Enfin des réunions efficaces, Eyrolles, 1988.
John Naisbitt et Patricia Aburdence, *Coup d'Etat dans l'entreprise,* InterEditions, 1986.
Gerard Nierenberg, *Tout négocier pour réussir*, Business Man / Albin Michel, 1986.
Alex F. Osborn, *Créativité. L'imagination constructive*, Dunod, 1988.
Isabelle Orgogozo et Hervé Sérieyx, *Changer le changement*, Seuil, 1989.
James O'Toole, *Le management d'avant-garde*, Editions d'Organisation, 1988.
William Ouchi, *M : Un nouvel esprit d'entreprise*, InterEditions, 1985.
J.P. Pagé, D. Turcq, M. Bailly et G. Foldès, *La recherche de l'excellence en France,* Dunod, 1987.
Robert Papin, *Génération Business,* Dunod, 1989.
Guifford Pinchot, *Intraprendre*, Editions d'Organisation, 1986.
Thomas Peters et Robert Waterman, *Le prix de l'excellence*, InterEditions, 1983.
Thomas Peters et Nancy Austin, *La passion de l'Excellence,* InterEditions, 1985.
Tom Peters, *Le chaos management,* InterEditions, 1988.
Jacques Quibel, *Management de l'entreprise du futur*, Masson, 1986.
J. Rojot et A. Bergmann, *Comportement et organisation*, Vuibert, 1989.
Ambroise Roux, Stanley Krippner et Gerald Solfwin, *La science et les pouvoirs psychiques de l'homme*, Sand, 1986.
Lother J. Seiwert, *Maîtrisez votre temps*, Editions d'Organisation, 1987.
Kenichi Sekine, *Kanban,* Editions Hommes et Techniques, 1983.
Jean-Louis Servan-Schreiber, *L'art du temps*, Fayard, 1983.
Jean-Louis Servan-Schreiber, *Le métier de patron*, Fayard, 1990.
Strategor, *Stratégie, Structure, Décision, Identité*, InterEditions, 1988.
Jacques Teboul, *L'entretien d'évaluation*, Dunod, 1986.
George R. Terry et Stephen G. Franklin, *Les principes du management*, Economica, 1985.
Dominique Tissier et Etienne Verne, *Management situationnel*, Insep, 1988.
Bernard Turgeon, *La pratique du management*, McGraw Hill, 1985.
Benjamin Tregoe et John Zimmerman, *La force motrice*, InterEditions, 1982.
Charles Vincent, *Développez votre pouvoir par l'A.T.*, Editions d'Organisation, 1988.
Roger Von Oech, *Créatif de choc*, Businessman / Albin Michel, 1986.

Michel Walter, *Votre personnalité de manager*, Editions d'Organisation, 1988.

Dimitri Weiss, *La fonction Ressources Humaines*, Editions d'Organisation, 1988.

Stephane Winston, *Organisez votre travail pour mieux gagner*, Business Man / Albin Michel, 1986.

TABLE DES MATIERES

Collection « Expériences »

Sous la direction d'Yves Chirouze, cette collection se compose d'ouvrages écrits par des professionnels qui ont réussi et qui veulent transmettre leur savoir-faire. Des « success stories » à la française, des expériences vécues qui servent de point de départ à une approche inductive et à l'établissement de règles, de principes, de procédures et de nouvelles théories du management.

Les auteurs et les ouvrages sont sélectionnés rigoureusement pour que les techniques des meilleurs soient à la portée de tous.

Ouvrage déjà paru

LA FONCTION VENTE. Objectif : chiffre d'affaires par Jacques Roux-Brioude.

Achevé d'imprimer
sur les presses des
établissements Dalex
à Montrouge (92120)